DIÁRIO DE UM BLOGUEIRO

O QUE APRENDI E CONQUISTEI COM OS BLOGS

JÚNIOR GONÇALVES

Porto de Idéias EDITORA

São Paulo, 2013

DIÁRIO DE UM BLOGUEIRO
O que aprendi e conquistei com os blogs
Júnior Gonçalves

Editor
Sebastião Haroldo de Freitas Corrêa Porto

Coordenação Editorial
Silvana Pereira de Oliveira

Arte da Capa
André Bets

Dados Internacionais de Catalogação na Publicação (CIP)
(Câmara Brasileira do Livro, SP, Brasil)

Gonçalves, Júnior
Diário de um blogueiro : o que aprendi e conquistei com os blogs / Júnior Gonçalves. -- São Paulo : Porto de Idéias, 2013.

Bibliografia.
ISBN 978-85-8061-060-4

1. Blogs (Internet) 2. Internet (Rede de computadores) I. Título.

13-12724 CDD-004.6

Índices para catálogo sistemático:
1. Blogs : Internet : Ciência da computação 004.6

EDITORA PORTO DE IDÉIAS LTDA.
Rua Perdões, 101 – Aclimação
São Paulo – SP – 01529.030
Fone (11) 3884-3814
www.portodeideias.com.br
twitter.com/portodeideias

Dedico este livro para as pessoas mais importantes da minha vida: meu pai José, que sempre foi exemplo de homem honesto, trabalhador e bom marido; minha mãe Izaulina, que sempre acreditou em meus sonhos e se empenhou tanto quanto eu para que eles se realizassem; e minha esposa Lizena, pelo simples fato de existir e trazer mais sentido e felicidade à minha vida.

Agradecimentos

Primeiramente a Deus, que a cada dia me presenteia com o dom da vida, com o ar que respiro e que nunca me concede nada além do necessário para ser feliz.

A meu irmão Jânio, pelo companheirismo, amizade e conversas nerds que começaram na nossa infância, passaram pela juventude e perduram até hoje na vida adulta.

Às melhores professoras, das quais tive o privilégio de ser aluno: Claudete Moscardini e Laís Tarrasqui, que me ensinaram, apoiaram e ajudaram tanto dentro como fora da sala de aula.

Ao meu amigo Camilo Lopes, pela sua generosidade em ajudar um desconhecido a realizar seus sonhos, colaborando de forma imensurável na construção desse livro.

Ao meu ex-coordenador Roberto Rossi, pela oportunidade de ter feito parte da família "Instituto Bairral" e por ser também um amigo, mestre e mentor no início da minha carreira.

Aos meus inestimáveis amigos da Trupe, pela amizade verdadeira de longa data, e a todos os blogueiros que fazem da Blogosfera um lugar agradável de participar.

À minha esposa Lizena, por contribuir com as primeiras revisões do livro e pela compreensão de me deixar trabalhar horas e horas a fio enquanto escrevia.

Sobre o autor

José Gonçalves Pinto Júnior nasceu em Itapira, no dia 17 de junho de 1985, e até hoje reside em sua cidade natal. Quando criança gostava de desmontar seus brinquedos para descobrir como eles funcionavam e, talvez por isso, sonhava em ser cientista e descobrir algo que ninguém até então tinha descoberto. Apesar do aguçado senso de curiosidade, foi um péssimo aluno nos primeiros anos de escola, mas mesmo assim seus pais não deixaram de apoiar e acreditar em seu potencial.

Quando cresceu, a vida o levou para a informática e, em 2006, por meio de uma bolsa de estudos do Prouni, iniciou a graduação em Sistemas de Informação na Fundação de Ensino Octávio Bastos, em São João da Boa Vista/SP. Durante a faculdade, descobriu que gostava mesmo era de internet e, dois anos após terminar a graduação, começou um curso de especialização em Desenvolvimento de Sistemas para *Web* na Faculdade Anhanguera Educacional, em Campinas/SP.

Já trabalhou como vendedor de sorvete, impressor gráfico e na linha de montagem da fábrica de Brinquedos Estrela S/A. Em 2007, durante o segundo ano da faculdade, começou a trabalhar no setor de Tecnologia da Informação do Instituto Bairral de Psiquiatria e, em 2012, passou a ministrar aulas de desenvolvimento *web* para alunos do curso Técnico em Informática para Internet na ETEC "João Maria Stevanatto" e Faculdade de Ciência da Computação no IESI – Instituto de Ensino Superior de Itapira.

Nerd por vocação e blogueiro por opção, desenvolve alguns trabalhos como *freelancer* e mantém os blogs www.neuronio20.com e www.hiperbytes.com.br para compartilhar ideias, opiniões e um pouco dos seus conhecimentos na área de desenvolvimento *web*. Além da informática, adora conhecer lugares diferentes e já prometeu para si mesmo que visitará tantos lugares diferentes quanto puder.

Sobre este livro

Para quem foi escrito

Este livro destina-se, principalmente, a qualquer pessoa que tenha interesse por internet e queira aprender um pouco mais sobre o mundo dos blogs, possibilitando ainda que, se for da vontade do leitor, ele adquira subsídios consideráveis de informação para criar seu primeiro blog.

Como está organizado

O livro está dividido em quatro capítulos e não segue necessariamente uma ordem cronológica de leitura. O primeiro capítulo é uma síntese de como funcionam os blogs para que você, leitor menos familiarizado, possa conhecer um pouco mais sobre o assunto abordado neste livro. Já no segundo e terceiro capítulos, você irá conhecer boa parte da minha trajetória na Blogosfera, pois me esforcei para relatar todos os detalhes que possam ser úteis a quem tenha interesse por blogs, incluindo principalmente os meus erros, acertos e um *case* muito interessante sobre um Desafio de SEO. Por fim, o quarto capítulo é um guia para que você, blogueiro iniciante, possa começar o seu projeto sem cometer os mesmos erros que a maioria dos blogueiros comete em seu primeiro blog.

Infelizmente, por mais que eu tenha me esforçado, não houve como fugir de alguns termos técnicos ao longo do livro, principalmente no capítulo "O Desafio de SEO da MestreSEO". E, para não criar dezenas de notas explicativas no rodapé das páginas, a alternativa que encontrei foi criar um glossário no final do livro e marcar as palavras com um asterisco (*).

Então, caso você não saiba o que significa, por exemplo, o termo *PageRank*, peço que pesquise no glossário a explicação para ele.

Com a finalidade de melhorar o entendimento e a comunicação com o leitor, foi adotada a seguinte metodologia na linguagem desse livro: "Eu" refere-se ao escritor do livro, Júnior Gonçalves; "Você", a quem está lendo este livro, e "leitor/leitores", a todos nós, internautas que leem blogs.

Sumário

Introdução

A internet já faz parte da vida de milhões de pessoas, não sendo mais possível imaginar um mundo no qual possamos viver sem acessar e-mails, ler notícias, conversar no Skype, compartilhar no Twitter, postar no Facebook, pesquisar no Google, etc. E, dentro desse "mundo" já consolidado, surge uma nova forma de comunicação, chamada blog, que cresce cada vez mais e que muitas pessoas ainda não conhecem.

Mas o que são os blogs?

Um blog é na verdade um site, mas com a grande vantagem de poder ser atualizado por qualquer pessoa com um mínimo de conhecimento técnico em informática. Há atualmente diversas ferramentas disponíveis na internet para essa finalidade, e inclusive algumas delas são grátis e oferecem recursos para publicação de conteúdo de forma fácil e rápida.

Apesar da grande maioria das pessoas utilizar essas ferramentas para criar "diários virtuais", o crescimento desse mercado tem atraído profissionais dos mais variados segmentos para divulgar seus produtos/serviços e aproximar-se do seu cliente.

O diferencial dos blogs para as velhas mídias, como a TV, o rádio e o jornal, é que a comunicação deixou de ser unilateral para ser bilateral, ou seja, não funciona mais com uma pessoa falando/escrevendo enquanto a outra somente ouve/lê. No mundo dos blogs, mais conhecido por Blogosfera, o consumidor (leitor/internauta) passou também a expor sua opinião a respeito de qualquer assunto, podendo publicá-la em seu próprio blog ou no de terceiros, na forma de comentários.

Por que você deve criar um blog

Segundo o Ibope Nielsen Online, o número de pessoas com acesso à internet no Brasil alcançou em 2012 a marca de 94,2 milhões, tornando a internet o segundo maior veículo de comunicação no Brasil, atrás apenas da TV. Essa pesquisa considera crianças, adolescentes e adultos com acesso à internet no ambiente de trabalho, nas escolas, em domicílios e em *lan houses*.

Na contramão desses números, uma pesquisa realizada pelo site Technorati (http://technorati.com), que é o maior agregador de blogs do mundo, mostrou que mais da metade dos blogueiros são norte-americanos (Estados Unidos e Canadá). Em segundo lugar na pesquisa apareceram os europeus e o nosso querido Brasil, que entra na contagem da América Latina, possuem juntos uma participação muito pequena. Acompanhe no gráfico a seguir como estão distribuídos os blogueiros ao redor do mundo, segundo o Technorati.

State of the Blogosphere 2011

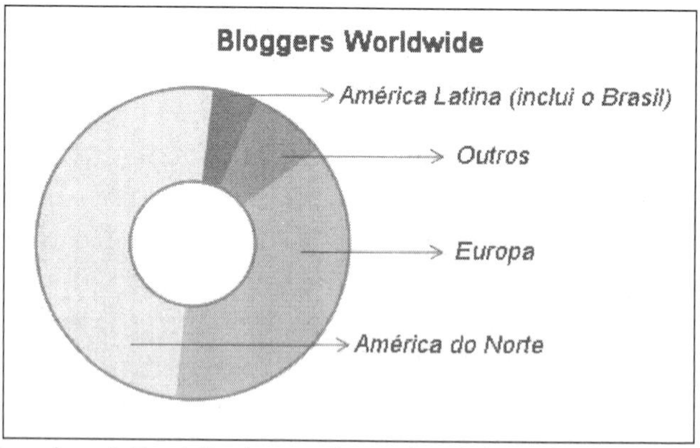

Adaptado de: http://technorati.com/social-media/article/state-of-the-blogosphere-2011-part1

Com base nessas duas pesquisas realizadas respectivamente pelo Ibope Nielsen *Online* e pelo Technorati, podemos observar e supor que no atual momento há uma pequena oferta de blogs em português para atender a crescente demanda de internautas no Brasil. Utilizei a palavra "supor" ao invés de "concluir", porque esta última seria demasiadamente forte para afirmar isso, mas, pela minha experiência dos últimos anos estudando sobre blogs, posso afirmar com toda segurança que na Blogosfera brasileira ainda há muito espaço para bons blogueiros.

Principais vantagens de você ter um blog

1ª Facilidade para criar e atualizar. Há disponíveis na internet várias ferramentas de gerenciamento de conteúdo, que permitem a você criar, configurar e personalizar seu blog em poucos minutos;

2ª Baixo investimento. Registrar um domínio* e contratar um serviço básico de hospedagem* custa algo em torno de R$ 20,00 mensais. Mas há também excelentes opções de serviços gratuitos, embora estes não sejam aconselháveis para blogs cujo objetivo seja comercial e/ou profissional;

3ª Oportunidade de ser um formador de opinião. Através de um blog é possível alcançar uma enorme audiência e expor suas ideias, opiniões e trabalhos. Se você tem algo a dizer que seja interessante, divertido ou digno de atenção, um blog é uma ótima oportunidade para compartilhar isso;

4ª Espaço para oferecer e receber ajuda. A Blogosfera é um ambiente propício de interação para quem deseja trocar experiências com pessoas de interesses em comum. Oferecer e receber ajuda é algo natural nas pessoas que procuram por um blog;

5ª Vitrine profissional. Qualquer que seja a sua área de atuação profissional, ter um blog para compartilhar seus conhecimentos pode ser uma excelente forma de divulgar seus trabalhos. Muitos profissionais têm utilizado essa ferramenta para expor no mercado seu currículo, apresentação ou *portfólio.*

Depois de apresentar resumidamente uma introdução sobre o que são os blogs e quais as vantagens de se ter um, os capítulos ao longo deste livro trazem o *Diário de um Blogueiro – o que aprendi e conquistei com os blogs.* Em sua essência, o conteúdo aqui escrito não é um manual ou qualquer coisa do gênero, mas sim o relato e as opiniões sinceras de uma pessoa comum que um dia se interessou por blogs e passou a estudar sobre o assunto.

O objetivo na elaboração desse livro é dividir conhecimentos sobre blogs com os leitores, mas, principalmente, compartilhar com você algumas das experiências que adquiri durante esses seis anos de jornada na Blogosfera. É uma compilação de erros e acertos dos meus projetos que, de certa forma, acredito que possa ser útil a quem já possua um blog ou esteja pensando em começar um.

Todo esse trabalho foi realizado com muito empenho, dedicação e carinho para que você leitor possa aproveitar de alguma forma os ensinamentos que aqui tentei passar. Caso tenha algo a acrescentar sobre qualquer assunto discutido aqui, ficaria muito satisfeito se compartilhasse comigo a sua opinião mandando um e-mail ou entrando em contato através de um dos meus blogs:

junior@hiperbytes.com.br
http://www.hiperbytes.com.br
http://www.neuronio20.com

Boa leitura.

Capítulo 1:
O funcionamento dos blogs

Uma vez estava conversando com um amigo em uma festa de aniversário de um colega em comum e, em certo momento, ele comentou que havia lido alguns artigos no meu blog. Fiquei muito feliz ao ver o ânimo dele enquanto falava sobre as coisas que havia visto, mas notei que ele estava mais impressionado com a parte estética e funcionalidades do blog do que com o conteúdo em si. Curioso como sou, resolvi fazer a ele a seguinte pergunta: o que você acha que precisei fazer para ter um blog como aquele?

Apesar de ele saber muita coisa sobre computadores e internet, notei pela sua resposta que ele não fazia muita ideia de como realmente funcionava um blog. Meio inseguro, ele respondeu que precisava conhecer uma linguagem de programação e saber utilizar um programa chamado *Dreamweaver*. É claro que esses conhecimentos são úteis, mas, na verdade, nenhum blogueiro precisa necessariamente ter esse tipo de conhecimento, basta apenas que ele conheça e saiba utilizar um CMS.

O que é CMS?

CMS é a abreviação do termo inglês para *Content Management Systems*, ou seja, é um sistema gerenciador de conteúdo que oferece recursos necessários para inserir, editar e publicar conteúdos (texto, imagem e vídeo) sem a necessidade de uma programação específica de código. Até o surgimento das ferramentas CMS, as páginas *web* eram desenvolvidas exclusivamente por pessoas que possuíam um razoável conhecimento em programação de computadores; mas, com a rapidez e as facilidades que uma ferramenta CMS oferece, outras pessoas, mesmo sem conhecimentos técnicos de programação, passaram a criar suas próprias páginas *web* na forma de blogs.

Agora vem a grande pergunta que gera uma enorme discussão na Blogosfera: *Qual é a melhor ferramenta? O Blogger ou o WordPress?*

Sou da opinião que não existe a melhor ferramenta, mas sim a melhor opção de acordo com a sua necessidade. Eu já utilizei e ainda utilizo as duas ferramentas, tanto o Blogger como o WordPress, e as duas atendem muito bem a necessidade do projeto no qual estão inseridas.

Recomendo a utilização do Blogger em projetos pequenos e pessoais, pois, além de ser gratuito, é uma ferramenta muito mais fácil de aprender. Eu, por exemplo, comecei utilizando o Blogger há seis anos e desde então tenho acompanhado o aprimoramento dessa ferramenta que cada vez mais apresenta novos recursos e integração com outros serviços da Google. Entretanto, não há como negar que, se você deseja uma ferramenta profissional, de excelente qualidade e repleta de recursos, essa ferramenta sem dúvida é o WordPress. Apesar de exigir um pouco de conhecimento técnico e investimento na contratação de um serviço de hospedagem, o WordPress vale cada centavo investido devido aos recursos que oferece a nível de customização e otimização.

Diferenças entre o Blogger e o WordPress

Como tudo nesta vida, tanto o Blogger como o WordPress possuem prós e contras na sua utilização. Embora o objetivo aqui não seja falar sobre essas ferramentas, achei por bem fazer uma pequena lista com as principais vantagens e desvantagens de cada uma, para que dessa forma você possa entender melhor algumas situações ao longo dos próximos capítulos. Além disso, essa pequena lista poderá ser útil a quem esteja pensando em criar um blog, pois os itens listados a seguir devem ser levados em consideração no momento de começar um.

Blogger

Serviço oferecido gratuitamente pela Google para a criação de blogs de forma rápida, fácil e sem a necessidade de conhecimentos técnicos. Embora exista um preconceito com o serviço devido à quantidade de blogs ruins criados nessa plataforma, vários blogueiros, como o Gian Depiné e a Ariane, provaram pelos seus respectivos blogs, Usuário Compulsivo (http://usuariocompulsivo.blogspot.com) e *Templates* para Novo Blogger (http://templatesparanovoblogger.blogspot.com), que é possível criar excelentes blogs utilizando o Blogger.

Segue uma breve relação dos prós e contras dessa ferramenta:

Prós

- Criação rápida do blog e fácil utilização do painel;
- Exige pouco conhecimento técnico do usuário;
- Não necessita de nenhum tipo de instalação;
- Serviço de hospedagem gratuita;
- Domínio grátis do tipo "seublog.blogspot.com.br";
- *Templates** oferecidos gratuitamente pelo Blogger e terceiros;
- Permite utilizar domínio próprio com redirecionamento automático.

Contras

- Dificuldade de otimização para as ferramentas de busca;
- Nome/endereço do blog de difícil memorização devido à extensão "blogspot.com.br";
- Não permite organizar os artigos por categorias;
- Limitações e restrições na hospedagem de arquivos.

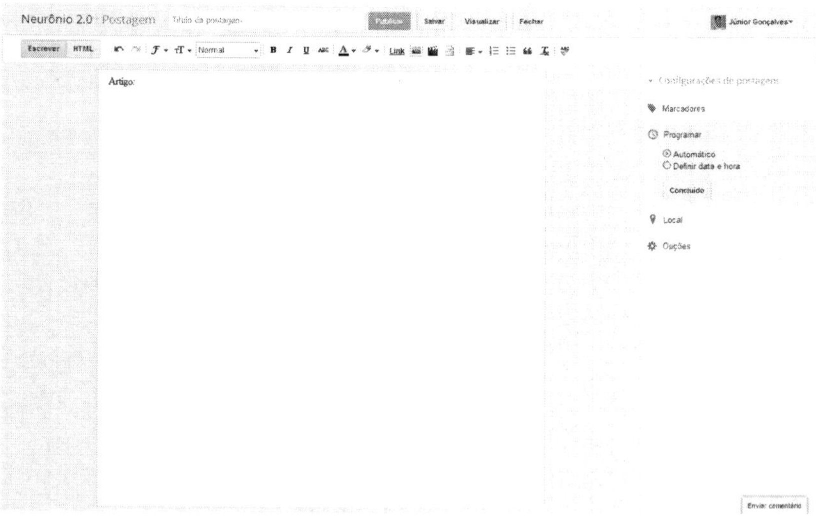

Painel do Blogger

WordPress

Plataforma *open-source* (código aberto) para o gerenciamento de conteúdo e que atualmente possui duas versões: o WordPress.com e o WordPress.org. A diferença básica entre os dois está no fato de que no WordPress.com você consegue criar um blog sem custo algum, mas os recursos são limitados, enquanto que no WordPress.org é necessário registrar um domínio e contratar um serviço de hospedagem para utilizar a plataforma e todos os recursos disponíveis. Referente ao WordPress.org, segue uma breve relação dos prós e contras:

Prós

- Permite adicionar novas funcionalidades a partir da instalação de *plugins**;
- Oferece recursos de customização e otimização para ferramentas de busca;
- Disponível grande quantidade de *templates* grátis e pagos;
- Popularidade da ferramenta fomenta melhorias contínuas;
- Possível encontrar informação técnica e suporte na comunidade.

Contras

- Exige maior conhecimento técnico do usuário;
- Investimento na compra de domínio e contratação de hospedagem;
- Necessidade de instalação no servidor de hospedagem.

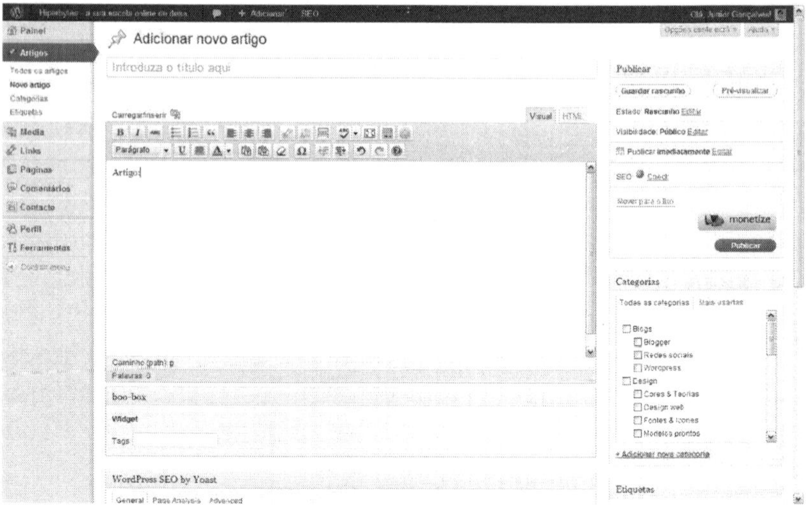

Painel do WordPress

Existem, é claro, outras ferramentas CMS disponíveis no mercado, mas essas duas são as melhores até o momento, e a escolha entre elas depende muito dos objetivos que você tem com o seu projeto. Com base nos prós e contras apresentados, já é possível ter uma noção a respeito de qual ferramenta melhor atende à sua necessidade quando for criar um blog.

Conteúdo relevante e original

Devido à abundância de conteúdo disponível na internet, não é mais possível oferecer conteúdo "mais do mesmo" e esperar que o usuário seja atraído. É preciso inovar e oferecer um diferencial dos concorrentes para ganhar a confiança do leitor, pois este está há apenas um clique de encontrar outro blog que ofereça o que ele deseja.

De todas as atividades que você possa realizar como blogueiro, sem dúvida a geração de conteúdo é a mais importante. Costuma-se dizer na Blogosfera que o conteúdo é o rei, pois de nada adianta criar um blog se você não tem um conteúdo que seja original e relevante para seus leitores.

Originalidade e relevância são duas características muito importantes em um blog. A primeira refere-se à exclusividade do conteúdo, que não poderá ser encontrado em nenhum outro lugar, e a segunda, com a importância do conteúdo para aquele leitor específico. Relevância é uma característica relativa, pois nem tudo que é relevante para você é relevante para mim e vice-versa. Por exemplo, o blog do Luciano Larrossa (http://www.escolafreelancer.com) é relevante para mim porque tenho interesse por assuntos relacionados a *freelancer*, mas, em contrapartida, pode não ser um assunto do seu interesse, e dessa forma não ser relevante para você.

Infelizmente, nem tudo é perfeito. A Blogosfera também possui seus problemas, como pessoas mal-educadas, grosseiras, desonestas, etc. E um desses problemas são os plagiadores, que copiam os artigos alheios e publicam em seus blogs como se fossem de sua autoria. Esse é um problema que não se restringe apenas a blogueiros "famosos" e reconhecidos, mas a qualquer blogueiro que publique conteúdos na internet. Eu mesmo já fui vítima de plagiadores, e não é nada agradável ver um artigo, que deu tanto trabalho para escrever, publicado em um blog que não seja o seu.

Nicho de mercado

Quando você cria um blog, a primeira coisa que você deve decidir é o seu nicho de mercado, ou seja, qual o segmento de assunto que você irá escrever nele. É claro que você pode escrever sobre mais de um assunto, afinal, o blog é seu, mas pelo que observamos na Blogosfera, é aconselhável que cada blog possua apenas um assunto específico, quando muito um que possibilite abranger alguns poucos tópicos.

Vamos a um exemplo prático. Imagine então que você queira começar um blog sobre carros, OK? Você pode escolher um nicho bem específico, como carros antigos, ou ser mais genérico e possuir variações, como carros antigos, carros populares, carros importados, etc. Dessa forma, você pode segmentar o seu blog sem fugir do seu nicho de mercado, que são os carros.

Definir o nicho de mercado logo no início é primordial para que você não caia em algumas armadilhas nas quais eu caí quando criei meu primeiro blog, e que até agora me arrependo por isso. No capítulo "Velejando sem bússola", explicarei melhor esse meu erro, mas o essencial agora é esclarecer duas coisas a esse respeito: primeiro, é muito importante definir um nicho de mercado para o blog logo no início; segundo, é de suma importância que você seja apaixonado por esse assunto, ou pelo menos tenha muito interesse nele.

Ser apaixonado pelo assunto do seu blog é certamente um dos segredos para construir um blog de sucesso. Blogueiros como Carlos Cardoso (http://www.contraditorium.com), Thiago Mobilon (http://tecnoblog.net) e Carlos Ruas (http://www.umsabadoqualquer.com) fazem sucesso na internet porque são apaixonados pelos assuntos que tratam em seus blogs. É claro que só isso não basta, é preciso muito trabalho, empenho e dedicação, como veremos a seguir, mas, com certeza, o ingrediente número um de todo blogueiro de sucesso é ser apaixonado pelo seu trabalho.

Muitos blogueiros, quando criam seu primeiro blog (inclusive este que vos escreve), começam a escrever sobre vários assuntos na tentativa de agradar ao maior número de pessoas possíveis, mas, na ânsia de agradar a muitos, acabam muitas vezes não agradando ninguém. Meu conselho sobre esse assunto é que, quando você for criar o seu blog, decida primeiro qual será o tipo de pessoa para quem você irá escrever e tente sempre escrever conteúdo que agrade a essas pessoas, mesmo que seja apenas um pequeno grupo. Mais adiante veremos sobre a importância de fidelizar o leitor, e nada desperta mais o interesse dele do que o blogueiro possuir um foco e não desviar-se escrevendo sobre assuntos que não estejam relacionados.

Dando "vida" aos blogs

Costumo dizer que um indicador de qualidade de um blog é o comportamento dos seus visitantes, pois são eles que dão "vida" ao blog. Se um internauta visita um blog e depois volta, é sinal que alguma coisa ali o atraiu e o motivou para voltar. E se o conteúdo for marcante o suficiente para que ele deixe um comentário, é sinal que o blogueiro conseguiu persuadir o leitor a participar da discussão sobre o assunto.

Um blog pode muito bem ser excelente e não ter comentários, mas quando os leitores deixam suas opiniões nos artigos, isso mostra a credibilidade do blogueiro, que conseguiu criar uma discussão em torno do assunto que aborda em seu blog.

Trabalhar, trabalhar e trabalhar

Há uma crença de que blogueiro não trabalha, apenas passa o dia brincando na frente do computador. Evidentemente que existem pessoas que criam blogs apenas para brincar e passar o tempo, mas estas em geral nunca conseguem um mínimo de resultados e logo abandonam seu blog. Em contrapartida, blogueiros que levam a sério o seu trabalho precisam realizar um grande número de atividades para que seu projeto cresça, como:

- Pesquisar;
- Produzir conteúdo;
- Ler e-mails;
- Responder comentários;
- Interagir no Twitter, Facebook, etc.;
- Divulgar seus *links**;
- Buscar parcerias com outros blogueiros;
- Gerenciar programas de afiliados;
- Estudar e melhorar o blog;
- Etc.

Essa lista de atividades aumenta na proporção em que o blog cresce, e cada vez mais exige dedicação e perseverança para trazer resultados. Alguns blogueiros encaram seus blogs como um segundo emprego e chegam a trabalhar até quatro horas por dia. Há também os que vivem exclusivamente da renda dos seus blogs e, assim sendo, precisam trabalhar oito ou mais horas por dia em seus projetos.

Ser amigo do Google

Por mais leiga que uma pessoa seja em informática, ela sabe que a internet é uma gigantesca fonte de informação sobre tudo o que ela queira saber. E, para ter acesso a essa informação, basta apenas que ela faça uma "pergunta" para que as ferramentas de busca, como o Google, retornem uma lista de sites que respondam a sua dúvida.

Para muitas pessoas é assim que funciona a internet, e até mesmo pessoas que conhecem a internet, além do Google, acabam utilizando esse processo para acessar os sites que desejam. Eu, por exemplo, às vezes costumo digitar o nome do site no Google só para não ter que digitar o endereço completo do site ou blog no navegador*. Sendo assim, podemos concluir que dois elementos são fundamentais na internet: o conteúdo dos sites/blogs e as ferramentas de busca.

Segundo Cláudio Torres, em seu livro *A bíblia do marketing digital* (2009), as ferramentas de busca representam a porta de entrada de mais de 80% da navegação na internet, e para conseguir trazer para seu blog essa enorme audiência, é fundamental que o blogueiro seja "amigo" do Google e demais ferramentas de busca. Para isso, é preciso conhecer e aplicar algumas técnicas que facilitam a indexação* do blog pelos mecanismos de busca. Mais informações sobre essas técnicas você irá encontrar no capítulo "O Desafio de SEO da MestreSEO".

Fidelização de leitores

Fidelizar um leitor significa conquistar a confiança dele, para que ele tenha interesse em voltar para consumir mais conteúdo; mas nem sempre é cômodo para o leitor ficar visitando o blog diariamente para conferir se há novas atualizações. Então, uma das formas de facilitar a vida do leitor é utilizar uma tecnologia chamada *Feed.*

> *Feeds* são usados para que um usuário de internet possa acompanhar os novos artigos e demais conteúdos de um site ou blog sem que precise visitar o site em si. Sempre que um novo conteúdo for publicado em determinado site, o "assinante" do *feed* poderá ler imediatamente.
> Disponível em: http://pt.wikipedia.org/wiki/Feed

Ícone comumente utilizado em sites e blogs para informar ao internauta que é possível assinar e receber gratuitamente o conteúdo através da tecnologia *feed.*

Essa tecnologia, além de facilitar a vida do leitor, indica que ele não é apenas mais um que chegou de "paraquedas", mas sim uma pessoa que se interessou muito pelo conteúdo do blog e está disposta a acompanhar todas as novidades que forem publicadas nele. Esse tipo de leitor fiel é importante para criar em torno do blog uma comunidade que participa ativamente nos comentários e faz divulgação boca a boca, que é muito mais efetiva e tem custo zero para o blogueiro.

Persistência e paciência

Uma pesquisa realizada em 2010 no banco de dados do Technorati mostrou que naquele ano existiam mais de 130 milhões de blogs, mas que apenas 7 milhões deles haviam sido atualizados nos últimos 120 dias. Isso mostra uma taxa de abandono de quase 95% dos blogs criados.

Apesar de a pesquisa ser de 2010, ela ainda expressa a realidade da quantidade de blogs que são criados diariamente e são abandonados em pouco tempo. Isso geralmente acontece porque as pessoas possuem a ilusão de que basta criar um blog e os visitantes virão aos milhares, tornando-o um sucesso em pouco tempo. Muito pelo contrário, salvo algumas exceções, um blog trabalhado diariamente leva meses ou até anos para começar a ser reconhecido.

No começo de um blog, toda pessoa possui a terrível sensação de que está falando sozinha e que todo seu trabalho está sendo em vão. Infelizmente, leva tempo até um blog ganhar credibilidade e se firmar na Blogosfera. É preciso trabalhar muito fazendo pesquisas, gerando conteúdo, divulgando em redes sociais, comentando em outros blogs, etc.; mas tudo isso pode ser recompensado se houver persistência e paciência até os resultados começarem a aparecer.

Capítulo 2:
O que aprendi sobre blogs

Os capítulos a seguir contam minha trajetória na Blogosfera, desde quando criei meu primeiro blog, há quase seis anos. Mas o objetivo aqui não é simplesmente contar a minha história, mas sim compartilhar com você as minhas experiências positivas e negativas de vários momentos em meus projetos *web*. Minha preocupação foi pontuar meus acertos que resultaram em algumas conquistas e, principalmente, os meus erros que me fizeram aprender muito sobre a difícil "arte" de blogar.

O "nascimento" do Neurônio 2.0

Meu primeiro blog, o Neurônio 2.0, "nasceu" no dia 31 de março de 2008, depois que li um artigo chamado "Aonde estão os nerds" no blog Mais Tempo (http://blog.maistempo.com.br), do Christian Barbosa. Na época, a área de internet já me interessava, mas eu tinha o errôneo pensamento de que só aprenderia a criar sites, blogs e afins, quando meus professores na faculdade de Sistemas de Informação me ensinassem.

Para minha sorte, tive a oportunidade de mudar esse pensamento depois que li o referido artigo do Christian em seu blog. Na ocasião, ele contava sobre sua decepção ao entrevistar vinte candidatos para uma única vaga de estagiário e, no final das contas, não encontrar ninguém que se encaixasse no perfil que a sua empresa procurava. Segue um trecho do artigo no qual o Christian desabafa sua frustação pelas entrevistas:

> Quando eu pergunto: você gosta de ler? Eles respondem SIM, aí eu pergunto qual o último livro de tecnologia que você leu, eles respondem: não lembro! Quando eu pergunto: você gosta de aprender sozinho, eles dizem NÃO!!! Meu Deus, isso para tecnologia é inaceitável!! Quando eu pergunto: você já fez um blog para você ou alguma coisa pessoal na Internet?, eles dizem que NÃO! MEU DEUS ONDE ESTÃO OS NERDS?... O problema não é o desemprego, é o desinteresse pelo emprego! Jovens acordem! As coisas não vão cair no colo de vocês, é preciso estudar, ler, errar, perguntar, ter interesse! Ninguém nasce sabendo, mas nunca saberá se não ousar!
> Disponível em: http://blog.maistempo.com.br/2008/01/20/aonde-esto-os-nerds/

Depois que terminei de ler o artigo, coloquei-me no lugar daqueles candidatos e comecei a imaginar como me sairia naquela entrevista. Será que eu seria escolhido para a vaga de estagiário ou seria apenas mais um a frustrar as expectativas do Christian? Ao chegar à resposta dessa indagação, senti-me um verdadeiro derrotado, pois, mesmo não tendo participado daquele processo de seleção, eu sabia exatamente qual seria o resultado se tivesse participado. A partir de então, decidi que não mais esperaria a faculdade me ensinar algo que eu pudesse aprender sozinho e, dessa forma, comecei a pesquisar e encontrei um site que ensinava a criar esse tal de blog que o Christian havia mencionado no artigo.

Assim “nasceu” no Blogger o meu primeiro blog, o Neurônio 2.0 . Na época não fazia a mínima ideia do que era um blog e, na minha cabeça, aquilo não era muito diferente de um site malfeito. Para aprender a mexer no blog, eu utilizava o método de “vamos clicar e ver no que vai dar”. Com o passar do tempo fui aprendendo sobre as muitas possibilidades que aquele serviço oferecia e, depois de alguns dias, fuçando aqui e ali no painel do Blogger, consegui o simples, porém, muito suado resultado a seguir:

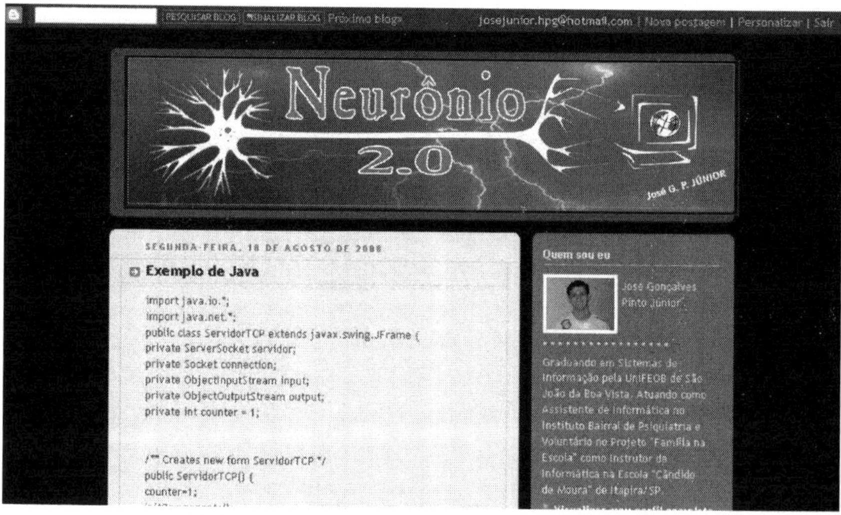

Primeira versão do Neurônio 2.0

Evidente que naquela época, além do Blogger ainda não oferecer os recursos que oferece atualmente, eu não sabia nada sobre *web design* ou desenvolvimento *web*, quando muito conhecia um pouco de *CorelDraw* (programa de edição de imagens), que me permitiu criar um desenho personalizado para colocar no cabeçalho do blog. Apesar da simplicidade, foi um grande passo para quem não sabia nada sobre blogs até uma semana antes.

A evolução do Neurônio 2.0

Durante as semanas seguintes continuei fuçando no Blogger e a cada dia aprendia uma coisa nova que me deixava eufórico ao ver a aparência do blog um pouco mais apresentável. No entanto, o que abriu mesmo um leque de possibilidades foi conhecer o Dicas Blogger (http://www.dicasblogger.com.br), um blog escrito pela Juliana Sardinha, onde ela publicava, e ainda publica, uma variedade de dicas e tutoriais para melhorar blogs criados na plataforma Blogger.

Com a descoberta do Dicas Blogger, tive a oportunidade de conhecer um pouco mais sobre a Blogosfera e aprender uma série de truques para melhorar e personalizar o *template* do meu blog.

Um *template*, nada mais é do que o arquivo responsável pela apresentação visual do blog, ou seja, é ele que possui a "programação" que caracteriza as formas, cores, dimensões, espaçamentos e demais itens que compõem a estrutura visual de um blog. Entre as várias mudanças de *templates* que fiz no Neurônio 2.0 no primeiro ano, as duas mais significantes você pode conferir nas imagens a seguir:

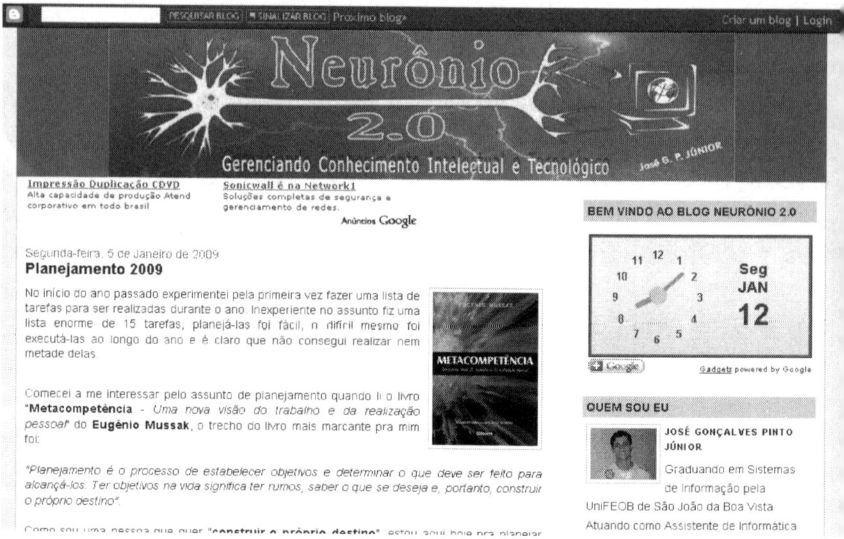

Segunda versão do Neurônio 2.0

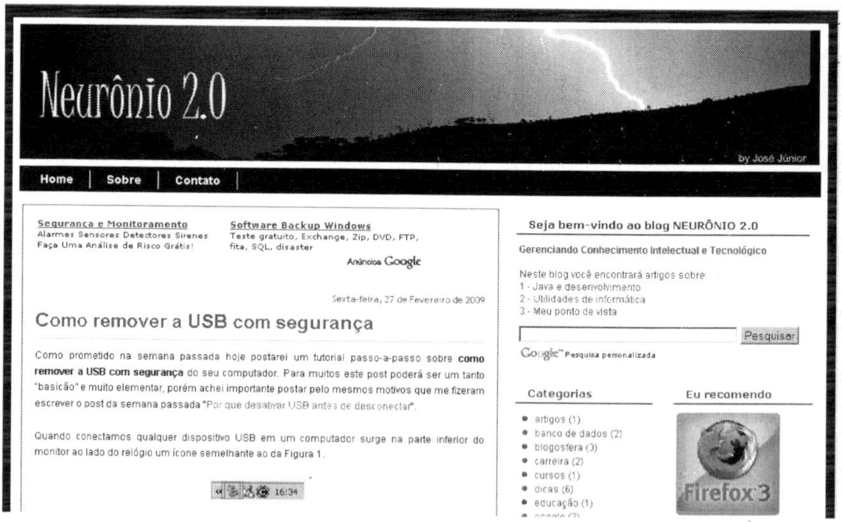

Terceira versão do Neurônio 2.0

Além das minhas desventuras na personalização de *templates*, conheci outros assuntos que chamaram ainda mais a minha atenção, como a monetização* com o Adsense, as métricas com o Analytics e a otimização das buscas com as técnicas de SEO. Ao longo dos capítulos desse livro você poderá conhecer um pouco sobre esses assuntos e minhas experiências com eles.

Depois de alguns meses estudando e testando tudo o que estava aprendendo, comecei a sentir a necessidade de dar uma identidade para o blog e torná-lo um pouco mais profissional. No entanto, o mais próximo que consegui chegar de uma definição para o Neurônio 2.0 foi:

> *Um espaço na internet criado para armazenar minhas anotações sobre assuntos ligados à minha vida pessoal, acadêmica e profissional.*

Como você pode notar, essa definição é um tanto quanto subjetiva e não possui um foco específico. Somente depois de muito trabalhar no desenvolvimento do blog é que percebi esse meu grave erro, pois criar o blog e "sair" fazendo sem ter um planejamento, resultou em uma frustração por não saber que direção deveria seguir.

Velejando sem bússola

Encontrei-me então em uma encruzilhada: eu poderia começar o blog novamente do zero, mas nesse caso perderia todo o trabalho que tive até aquele instante; por outro lado, se prosseguisse do modo que estava, teria que me defrontar com vários problemas e barreiras para fazer o blog crescer.

Até aquele momento, há mais de um ano trabalhando no Neurônio 2.0, os principais problemas que impediam o blog de crescer eram:

- **Pouco conhecimento em HTML*:** por mais que tivesse melhorado nesse sentido, eu ainda estava amarrado ao *template* padrão que o Blogger oferecia;

- **Sem nicho de mercado definido:** devido à "salada" de assuntos que publicava no blog, nunca consegui definir um nicho de mercado e, por isso, não havia como classificá-lo em uma categoria para buscar parcerias ou divulgá-lo de forma eficiente entre outros blogs;

- **Dificuldade de monetizar** (ganhar dinheiro com o blog): exatamente por não ter definido um nicho de mercado, os programas de afiliados não eram eficientes porque o blog não atraía leitores de qualidade interessados por um único tema. Maiores detalhes sobre esse assunto você irá encontrar no capítulo "Programas de afiliados";

- **Demora na indexação:** por não conhecer antecipadamente sobre o assunto, cometi muitos erros no início que dificultaram a indexação pelas ferramentas de busca. Por exemplo, algumas vezes publiquei artigos deixando em branco o espaço reservado para o título e, por padrão, o Blogger pegou as primeiras palavras do texto, que não possuíam necessariamente o assunto do artigo;

- **Endereço difícil de memorizar:** a escolha do nome "Neurônio 2.0" para o blog foi muito ruim e a URL* (endereço do blog na internet) foi péssima (www.neuronio2ponto0.blogspot.com). Divulgar o meu blog era um problema até mesmo entre meus amigos, pois ninguém conseguia lembrar o endereço com essa confusão de letras, números e o subdomínio do tipo ".blogspot.com";

- **Amadorismo:** como estava ansioso para ver meu blog crescer e pensava que já era um blogueiro "profissional", só porque meu blog estava no Google, tentei uma tática que alguns blogueiros estavam utilizando naquela época, que eram as famosas promoções de aniversário do blog. Na minha inocência, bastava apenas criar uma promoção que os leitores viriam participar dela, mas não foi bem assim que aconteceu, pouquíssimas pessoas se interessaram e participaram da minha promoção.

Essas foram as principais dificuldades que enfrentei nos primeiros dois anos de Blogosfera e algumas lições amargas que aprendi com meus próprios erros. Depois de algum tempo tentando ignorar o inevitável, percebi que teria que arcar com os prejuízos desses meus erros e decidi tentar minimizar algumas deficiências. Evidentemente que não consegui resolver todas elas, mas algumas medidas ajudaram muito na melhora do blog, como:

- **Novo endereço:** www.neuronio20.com – embora não seja um nome ideal do ponto de vista de publicidade, com certeza esse novo endereço é muito melhor que o anterior. Menos caracteres, mais fácil de digitar, muito mais fácil de memorizar e, além disso, ele não descaracterizou a identidade no nome do blog;

- **Indexação mais rápida:** depois da mudança de endereço, todo meu trabalho de indexação nas ferramentas de busca foi perdido, mas indexar tudo novamente foi bem mais fácil e rápido com toda a bagagem de conhecimento adquirida ao longo do tempo;

- **Ganhos com programa de afiliados:** com as significativas melhoras no blog, foi possível investir um tempo para estudar sobre monetização. E entre os programas de afiliados que testei, o que mais deu resultado foi o do site de vendas Submarino. Por ser um programa que paga por ação (venda efetuada), foi muito mais fácil converter e ganhar comissão do que acumular centenas de cliques do Google Adsense.

- ***Template* personalizado:** para conseguir um visual personalizado, tive que pegar um *template* padrão e redesenhar toda a parte gráfica. Mesmo não sendo um *web designer* profissional, acredito que atingi um resultado satisfatório com este trabalho de personalização. Veja a seguir como ficou a quarta versão do Neurônio 2.0.

Quarta versão do Neurônio 2.0

Além dessas melhorias, outro aspecto que melhorei muito foi a escrita dos artigos. Apesar de ser difícil mensurar, essa melhora foi visível para mim, pois sempre tive dificuldade para escrever, e a prática constante me fez melhorar gradualmente essa habilidade. Não que escrever seja fácil hoje, muito pelo contrário, esse livro está sendo um desafio colossal, mas se você o está lendo agora, é porque fui persistente o suficiente para superar todas as minhas dificuldades.

O antigo domínio blogspot.com

Durante aproximadamente três anos de blog, eu trabalhei com o domínio www.neuronio2ponto0.blogspot.com, e depois que mudei de endereço, comprando o domínio www.neuronio20.com, todos os *links* que apontavam para o antigo endereço foram perdidos. Nesse tempo, devo ter criado centenas de *links* internos (*links* dentro do meu blog) e conseguido pelo menos uma dúzia de *links* externos (*links* em outros blogs). Corrigir os *links* internos foi uma tarefa exaustiva, pois tive que corrigir manualmente cada um. Já nos *links* externos isso não foi possível, pois não havia como entrar em contato com todos os blogueiros e incomodá-los para consertarem o *link*. Conclusão: perdi vários *links* externos.

O tempo passou e um dia, estudando mais sobre ferramentas de otimização para blogs, encontrei um blog recém-criado que passou a utilizar exatamente o mesmo domínio que eu utilizava antes no meu blog. Com a ajuda das ferramentas que estava estudando naquele momento, descobri que no meu blog ainda havia vários *links* apontando para o antigo endereço, e outros blogs, que antigamente me deram um *link*, agora davam o *link* para este novo blog.

Pelo que pude perceber analisando o perfil desse novo blog, tenho quase certeza de que a pessoa que o criou nunca imaginou que utilizando aquele domínio, ela ganharia de presente vários *links* pelos quais eu tive o trabalho de batalhar.

Blog de casamento

Antes de continuar contando a trajetória do Neurônio 2.0, preciso introduzir neste momento a história do meu segundo blog que, da mesma forma que no primeiro, comprometi seu crescimento por não o ter planejado previamente. Você leitor deve estar se perguntando: “Será que depois de tudo isso, ele não aprendeu e cometeu os mesmos erros!?”. Infelizmente sim, cometi alguns dos mesmos erros nesse novo blog, mas isso aconteceu principalmente porque eu não tinha nenhuma pretensão de criá-lo.

Confuso, não é? Deixe-me explicar melhor como foi isso.

No começo do ano de 2009, eu estava de casamento marcado e minha noiva (agora esposa) descobriu na internet um grupo de mulheres que criavam blogs para registrar, em forma de diário, os preparativos para seus casamentos. Conhecendo muito pouco de internet, minha noiva não fazia a menor ideia do que era preciso para criar um blog, e então me pediu para criar um para ela.

Logo de início achei ridícula aquela história de blog de casamento, pois não conseguia imaginar por que razão uma pessoa iria perder tempo lendo sobre os preparativos do casamento de outras pessoas e, além disso, naquela época eu já estava ocupado demais com meus trabalhos da faculdade. Mas, mesmo não estando nem um pouco interessado nesse projeto, minha noiva pediu tanto que aceitei criar o nosso Blog de Casamento (http://www.casamentoliejr.blogspot.com.br).

Em trinta minutos tomados de uma tarde de domingo, configurei o mínimo necessário para colocar o blog no ar, e depois de criar uma conta no Blogger para minha noiva, ensinei o básico do básico para que ela mesma publicasse seus artigos e me deixasse em paz. Veja a seguir como ficou a primeira versão do nosso Blog de Casamento.

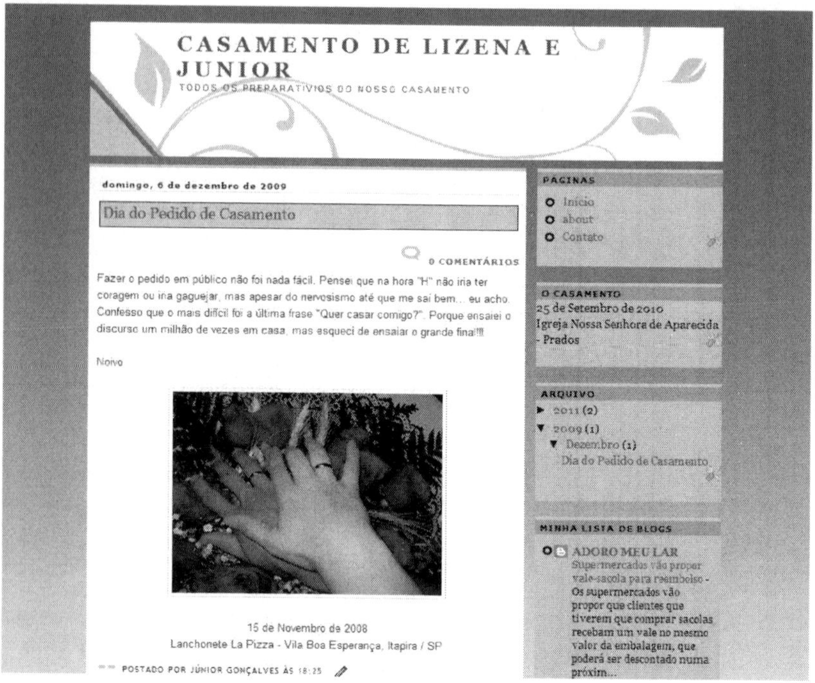

Primeira versão do blog "Casamento de Lizena e Júnior"

Graças à simplicidade do Blogger, em pouco tempo minha noiva aprendeu tudo o que precisava para publicar seus textos no blog. Apenas uma vez ou outra ela me perguntava coisas diferentes, como inserir uma imagem ou criar uma lista de *links* na barra lateral; mas, em geral, ela se virava muito bem no Blogger e postava novos artigos com frequência.

Como você já deve ter percebido, não dei muita importância ao tal blog de casamento, mas isso começou a mudar quando minha noiva me disse que as pessoas estavam deixando comentários no blog. Quando ela disse pela primeira vez que uma pessoa havia comentado em nosso blog, eu pensei: "OK, legal", mas continuei sem dar muita importância.

Entretanto, no dia seguinte já havia três comentários, e na semana seguinte já passavam de dez, isso em pouco mais de um mês de blog.

Ao ver aquela movimentação de comentários, comecei a me questionar: "O que será que minha noiva está fazendo para atrair tanto assim a atenção das pessoas? Meu blog já tem mais de dois anos e ainda tenho muita dificuldade para conseguir um comentário, o que ela fez para conseguir isso que eu não enxerguei?".

Comecei então a especular o que ela estava fazendo e descobri que eram, basicamente, duas coisas: primeiro, ela sempre publicava novos artigos e, segundo, ela procurava outros blogs de casamento e comentava neles quando gostava de um artigo. Em consequência da segunda atitude, as noivas-blogueiras visitavam o nosso blog pelos comentários dela e, por gostarem do blog ou simplesmente por agradecimento, também deixavam um comentário no nosso blog. Assim, minha noiva descobriu uma comunidade de noivas-blogueiras que movimentavam e divulgavam o trabalho uma das outras. Simples, porém, genial!

Mesmo com pouquíssimos conhecimentos sobre blogs, minha noiva utilizou uma estratégia que deixou facilmente o Neurônio 2.0 para trás e, graças a ela, aprendi uma grande lição devido a esse episódio e percebi mais um erro que cometi com o meu blog. Eu até fazia comentários em outros blogs, mas esses nem sempre eram do mesmo nicho que o meu, aliás, o Neurônio 2.0 sequer tinha um nicho, e por mais que os blogueiros o visitassem, não se sentiam motivados a deixar comentários por não se identificarem em nada com ele.

O grande trunfo da minha noiva foi procurar por blogs de pessoas que falavam sobre os mesmos assuntos que ela, ou seja, casamento. E justamente por participar de uma comunidade que possuía os mesmos interesses, essa comunidade visitava o nosso blog e retornava para acompanhar as novidades. Além dos comentários e visitas de boa qualidade, não raro as noivas-blogueiras colocavam um *link* do nosso blog no blog delas, o que, além da divulgação, contribuía para que o nosso blog fosse mais bem classificado pelas ferramentas de busca.

Comparando desempenhos dos meus blogs

Depois que percebi o potencial do Blog de Casamento, passei a dar mais atenção e ajudar minha noiva com ele. Sentei com ela várias noites para ensiná-la a aproveitar melhor os recursos do Blogger e a personalizar o blog do modo que ela queria. E, sem ela saber, trabalhei na otimização do código-fonte para melhorar a indexação pelas ferramentas de busca.

Comparando as estatísticas dos dois blogs, cheguei à conclusão de que em pouco mais de três meses *on-line*, o Blog de Casamento já havia ultrapassado os resultados que eu havia obtido com o Neurônio 2.0.

O Google Analytics, também conhecido por GA, é uma ferramenta gratuita da Google para monitorar uma série de fatores e gerar estatísticas de acessos e comportamentos dos visitantes em sites e blogs. Veja a seguir o resumo das estatísticas do Neurônio 2.0 e as estatísticas do Blog de Casamento.

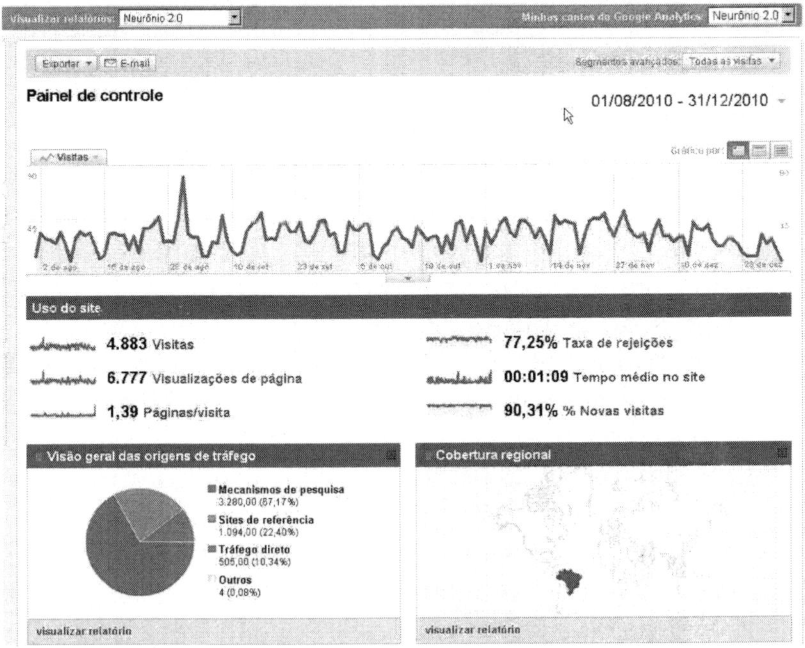

Estatísticas do Neurônio 2.0

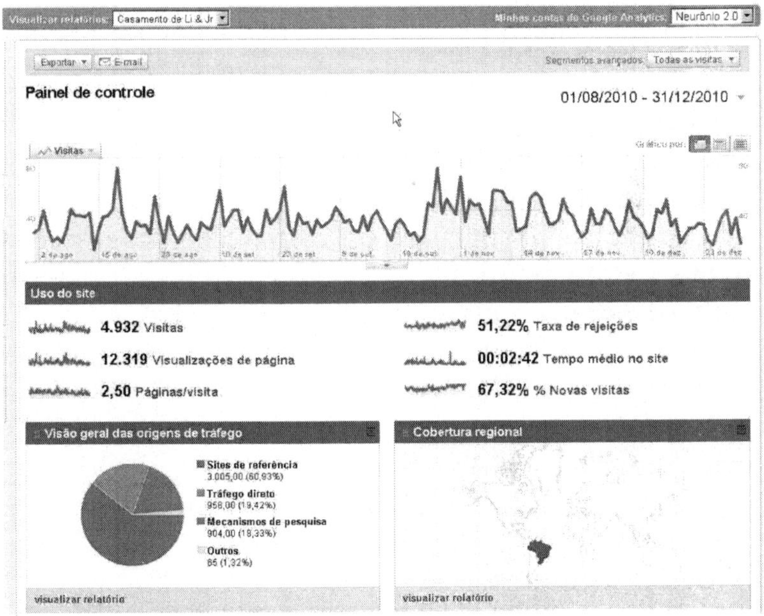

Estatísticas do Blog de Casamento

Pelos relatórios gerados pelo Google Analytics no período de 01/08/2010 a 31/12/2010, podemos notar que:

- O Neurônio 2.0 teve 4.883 visitas e o Blog de Casamento, 4.932. Em números absolutos e isolados, isso indica que ambos tiveram desempenhos semelhantes, porém, o número de visualizações de páginas do Neurônio 2.0 foi de 6.777, enquanto que no Blog de Casamento foi mais que o dobro, chegando a 12.319 visualizações. Isso indica que a média de páginas visitadas por pessoa foi de 2,5 para o Blog de Casamento e 1,39 para o Neurônio 2.0. Só por esses números podemos constatar que a maioria dos leitores do Neurônio 2.0 acessa apenas uma página e vai embora, enquanto que no Blog de Casamento os leitores se aprofundam visitando outras páginas.

- Outro número estatístico do Google Analytics que comprova o melhor desempenho do Blog de Casamento em relação ao Neurônio 2.0 está na taxa de rejeição dos visitantes. Esse índice, chamado de *bounce rate* em inglês, monitora a ação do usuário de permanecer no blog assim que acessa uma página. No Blog de Casamento essa taxa de rejeição estava próxima de 51%, enquanto que no Neurônio 2.0 chegou a 77%. Quanto maior é esse índice, pior é o desempenho do blog, pois ele reflete a ação imediata dos visitantes logo que chegam ao blog pela primeira vez, independente de como ele chegou até aquela página, seja por meio de uma pesquisa, sites de referências (blogs que indicam outro blog) ou *link* compartilhado em redes sociais.

- Observando as estatísticas da origem do tráfego, ou seja, de onde os visitantes vieram antes de chegar aos blogs, podemos observar também aqui a eficiência na estratégia inicial da minha noiva, pois a maioria dos visitantes do Neurônio 2.0 (67,17%) chegaram por ferramentas de busca; e em contrapartida, a maioria dos visitantes do Blog de Casamento (60,93%) chegaram por sites de referência. Isso indica que grande parte dos leitores conheceram o Blog de Casamento porque o viram em algum outro blog, muito provavelmente nos *links* da barra lateral ou nos comentários.

Pensando um pouco sobre as estatísticas citadas, veremos que realmente faz muito sentido o comportamento distinto entre os visitantes dos dois blogs e podemos chegar às seguintes conclusões:

- A maioria das pessoas que visitaram o Neurônio 2.0 vieram de alguma pesquisa do Google e encontram algo que estavam procurando, mas como o blog não era específico sobre um determinado assunto, elas consumiam apenas o que era do seu interesse para depois irem embora, sem dar importância ao restante do blog.

- A maioria das pessoas que visitaram o Blog de Casamento o conheceu por outros blogs e, muito provavelmente, elas já estavam lendo sobre o assunto casamento. Chegando ao nosso blog, viram a quantidade de artigos sobre o assunto e certamente isso chamou a atenção para continuarem lendo outras páginas. Além disso, dependendo do nível de interesse, elas podem também ter assinado o *feed* ou salvado o endereço do blog nos favoritos, para acompanhar novas atualizações.

O novo *template* do Blog de Casamento

No terceiro aniversário do Dicas Blogger, a Juliana Sardinha organizou em seu blog uma promoção que consistia em um concurso de melhor personalização de um *template* chamado Magazine. Nessa época, o Blog de Casamento ainda utilizava um *template* padrão do Blogger, e foi então que pensei em utilizar esse concurso para dar o empurrãozinho que faltava para criar um visual personalizado para ele. Passei várias noites trabalhando nisso e tenho que confessar que o resultado foi muito além do que eu esperava, principalmente depois que conquistei o terceiro lugar no concurso do Dicas Blogger.

Além de aprender muito mais sobre customização de *templates* do Blogger, recebi como prêmio um *link* no Dicas Blogger e um livro muito bom chamado *Como criar um blog,* do Marcos Lemos (www.ferramentasblogs.com).

O *template* com o qual participei do concurso é o que ainda utilizamos no Blog de Casamento, e você pode vê-lo na imagem a seguir.

Atual versão do blog “Casamento de Lizena e Júnior”

Com certeza, o Blog de Casamento foi uma experiência enriquecedora em meus estudos sobre blogs, e apesar de ter aprendido muito sobre o ramo casamentício, essa não é uma área que me interessa e, pelo menos no meu caso, não valeria a pena investir mais tempo e esforços nesse tipo de projeto. O blog ainda continua *on-line* e, às vezes, minha esposa e eu postamos alguma coisa nova por lá, mas, na verdade, deixamos o blog como uma espécie de diário virtual, no qual registramos os preparativos do dia mais feliz de nossas vidas.

De volta ao Neurônio 2.0

Mesmo depois de tudo o que aprendi sobre planejamento, blogosfera, marketing digital, monetização, etc., eu ainda não consegui traçar um rumo para o Neurônio 2.0, e provavelmente nunca conseguirei isso. Só não desisti dele até hoje por duas razões: primeiro, me apeguei demais a ele por ser meu primeiro blog e, segundo, eu o utilizo como um blog pessoal para testar novos programas de afiliados.

Acabei adotando a ideia de ser mesmo um diário virtual para compartilhar minhas anotações, memórias, ideias, opiniões, etc., e por isso procurei um *template* que melhor expressasse a ideia de diário. Veja na imagem a seguir a atual versão do Neurônio 2.0.

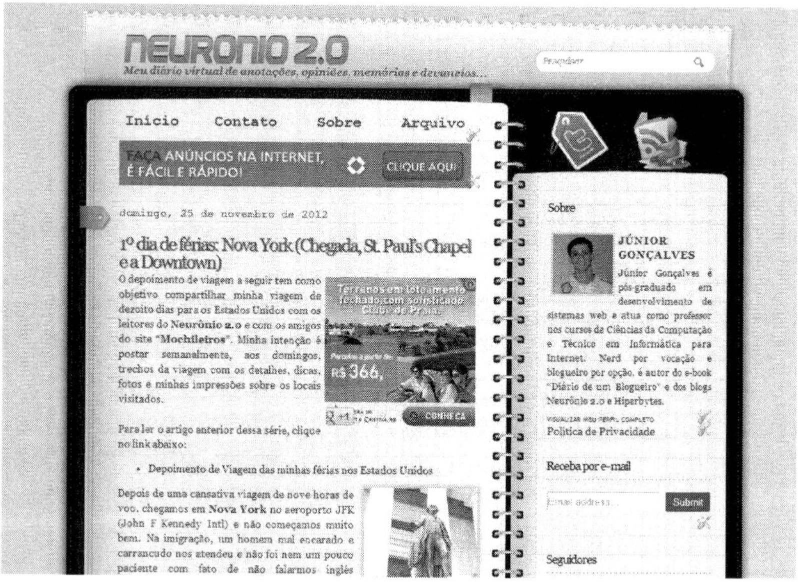

Atual versão do Neurônio 2.0

O Neurônio 2.0 não possui um público fiel e nem um nicho de mercado específico para que eu possa monetizá-lo de forma eficiente, mas para alguns programas de afiliados, como o Google Adsense e Submarino, ele tem obtido resultados satisfatórios se considerarmos os muitos problemas de projeto do blog.

Programas de afiliados

Muitos blogueiros começam seus blogs com o intuito de ganhar dinheiro porque existem inúmeras empresas que os remuneram por vincular publicidade em seus blogs. Alguns dos programas de afiliados mais populares e que utilizo são:

Google Adsense

Mantido pela poderosa Google, é um serviço de publicidade que permite aos blogueiros ganharem dinheiro exibindo anúncios em seus blogs, podendo estes serem em forma de texto, imagem e, mais recentemente, vídeo. O lucro gerado se dá basicamente pela quantidade de cliques nos anúncios que são controlados pela Google, que vincula normalmente propagandas relacionadas ao conteúdo do blog.

Resumidamente, o Adsense funciona da seguinte forma:

1. O blogueiro faz a inscrição no site da Google e espera seu cadastro ser aprovado;
2. O blogueiro escolhe os blocos de anúncios e insere no seu blog;
3. Os leitores clicam nos anúncios relacionados ao conteúdo do blog;
4. Ao atingir o valor mínimo de $100,00 dólares, o blogueiro recebe seu pagamento.

Pela facilidade e praticidade de uso, sempre coloquei anúncios do Google Adsense nos meus blogs, e já poderia até ter recebido meu primeiro pagamento há muito mais tempo se não tivesse cancelado minha conta. Fiz isso porque tive receio de ser banido do programa por clicar várias vezes em anúncios dos meus próprios blogs.

A Juliana Sardinha avisou sobre isso em seus artigos no Dicas Blogger, mas por algum tempo pensei que poderia ser mais esperto que os funcionários da Google se clicasse apenas uma única vez por dia em anúncios diferentes. Por sorte, ainda não tinha recebido nenhum pagamento, e talvez por essa razão não fui pego por infringir as regras do programa. No entanto, depois de ouvir vários casos de blogueiros que foram banidos por causa disso, resolvi parar de bancar o malandro e "jogar" conforme as regras do jogo.

Não conheço o Google Adsense o suficiente para me arriscar a ensinar qualquer coisa sobre ele, mas se tem uma coisa que aprendi é que a Google não chegou até onde está por acaso, e tenho absoluta certeza que enganá-la não é tão fácil quanto parece. Por isso, se você amigo leitor é blogueiro ou pensa em ser um, não recomendo que tente trapacear no Adsense como tantos fazem por aí, o prejuízo pode ser muito maior do que você imagina.

Ciente dos riscos que estava correndo abraçando o "lado negro da força", resolvi criar uma nova conta no Adsense, estudar mais sobre o assunto e observar como os grandes blogueiros têm trabalhado com esse programa de afiliado. E não é que deu certo? No início de 2013 recebi minha primeira comissão do Adsense que, depois de descontadas as taxas e convertido em moeda brasileira, o valor depositado na minha conta foi de aproximadamente R$260,00, o suficiente para cobrir por um ano todas as despesas que tenho com serviços de hospedagem e domínios dos meus blogs.

Afiliados do Submarino

Diferentemente do Google Adsense, o programa de afiliados do Submarino (http://afiliados-01.submarino.com.br) paga por comissões de vendas e não por cliques. Na prática, com esse programa de afiliados você oferece para seus leitores algum produto, como um *pen drive*, e a cada venda faturada por meio desse anúncio, você ganha uma comissão sobre o valor do produto.

Dos programas de afiliados que testei nos meus blogs, o do Submarino foi de longe o que mais deu retorno. É claro que fazer uma venda de um produto é algo mais difícil, mas, em contrapartida, quando você o consegue, o valor da comissão é muito mais significativo que os centavos que você ganha por cada clique no Adsense.

Meu único problema com o Submarino foi para receber minha primeira comissão. Ao atingir o valor mínimo, fiz o pedido, mas levou meses para depositarem o dinheiro em minha conta corrente. Isso me desmotivou bastante na época, mas depois desse episódio, não tive mais problemas e nem precisei mais fazer o pedido de recebimento, pois eles fizeram os outros pagamentos assim que as comissões atingiram o valor mínimo.

Não ganhei nenhuma fortuna com as comissões de vendas do Submarino, mas o que ganhei no último ano foi o suficiente para custear mais um ano as despesas com a contratação do servidor de hospedagem e a renovação anual dos meus domínios.

Acredito que seria possível ganhar muito mais dinheiro com esse programa de afiliados se meu blog tivesse um nicho de mercado específico, pois é possível escolher os produtos anunciados de acordo com o perfil dos leitores, e isso contribui muito para aumentar as vendas.

Boo-box

A Boo-box é uma empresa de tecnologia focada em publicidade para mídias sociais que faz o meio de campo entre os grandes anunciantes e os afiliados que disponibilizam espaços publicitários em seus sites, blogs e até mesmo no Twitter.

Os produtos para afiliados da Boo-box não se restringem a apenas uma forma de rentabilização, podendo o *publisher* (afiliado Boo-box) escolher qual a melhor forma de anúncios para vincular em seus sites, blogs e Twitter. As mais comuns são o CPC (custo por clique), semelhante ao Adsense, o CPA (comissionamento), semelhante ao Submarino, e o CPM (custo por mil impressões), que paga ao *publisher* um valor a cada mil visualizações de anúncios.

Acredito que a grande vantagem de utilizar o sistema da Boo-box é a variedade de campanhas e formatos disponíveis. Além disso, o valor mínimo para recebimento de comissões é de apenas R$ 30,00, e isso contribui para que o blogueiro não tenha que trabalhar em várias campanhas para acumular o valor mínimo necessário para receber sua comissão. O único porém é que, para receber essa comissão, é necessário aguardar dois meses depois de feita a solicitação de recebimento.

Para fechar este capítulo sobre monetização, seguem as minhas estratégias e opiniões, que julgo serem as mais eficientes para cada programa de afiliados:

- Procuro utilizar os anúncios do Adsense dentro dos artigos, porque a Google já faz o trabalho de contextualizá-los de acordo com o texto do artigo, e isso favorece muito para uma maior taxa de cliques dos leitores.

- Prefiro utilizar os anúncios do Submarino somente quando o artigo abre brecha para anunciar algum produto. Por exemplo, em artigos nos quais cito algum livro que já li, sempre coloco um anúncio convidando o leitor a comprar o livro pelo Submarino. Isso tem funcionado muito melhor do que simplesmente colocar banners na barra lateral.

- Utilizo os anúncios da Boo-box nos banners de topo e da barra lateral, tentando selecionar as melhores campanhas de CPC (custo por clique) e CPM (custo por mil).

Um curioso caso de SEO

A história a seguir foi um episódio muito curioso que ocorreu em novembro de 2011 e que servirá para mostrar aos leitores que até mesmo blogs pequenos como o meu podem se sobressair frente a grandes sites se utilizadas corretamente algumas técnicas de SEO. Mas, antes de prosseguir com essa história, veja a seguir a definição de SEO, segundo Fábio Ricotta:

> SEO é o conjunto de estratégias com o objetivo de potencializar e melhorar o posicionamento de um site nas páginas de resultados naturais (orgânicos) nos sites de busca. O termo SEO (do inglês, Search Engine Optimization, Acrônimo SEO, também traduzido no Brasil como "otimização para mecanismos de busca") também se refere a indústria de consultoria, que trabalha na otimização de projetos e *websites* de seus clientes.

Certo dia, minha esposa, que é enfermeira, chegou do seu plantão no hospital e disse que no dia seguinte haveria em nossa cidade uma campanha para cadastramento de doadores de medula óssea. Sempre quis me cadastrar para ser doador, mas aqui na cidade do interior onde moramos não há um hemocentro, e quem quisesse se cadastrar precisava viajar mais de 70 km até o hemocentro mais próximo, em Campinas/SP.

Fiquei contente por ter a oportunidade de fazer meu cadastro de doador aqui mesmo na minha cidade, e ainda mais por fazê-lo no meu horário de almoço, sem ter que perder meu dia de serviço para isso. Depois de cadastrado como doador, comecei a pensar no que mais poderia fazer pela campanha e tive a ideia de divulgá-la entre meus amigos por e-mail, Facebook, Twitter e até mesmo no meu blog.

Para divulgar corretamente a campanha aqui na minha cidade, fiz uma rápida pesquisa no Google para saber maiores detalhes sobre ela, como os horários e locais de atendimento. Encontrei essas e outras informações em dois sites de notícias, sendo que um deles pertence ao jornal de maior circulação da cidade.

Recolhi as informações necessárias sobre a campanha e a necessidade de todos participarem dela. Depois de pesquisar, escrevi e publiquei em meu blog um artigo chamado “Cadastramento de doadores de medula óssea em Itapira”. Até aqui nada de mais, apenas publiquei mais um artigo da mesma forma como já estava acostumado.

No dia seguinte, veio a grande surpresa. Logo que cheguei ao meu local de trabalho, um colega veio me contar que estava interessado em participar da campanha de medula óssea, mas não sabia onde eram os postos de atendimento e, por isso, antes de ir trabalhar, entrou no Google para descobrir isso e, para sua surpresa (e a minha também), no primeiro resultado da busca por "campanha de medula óssea em Itapira", estava o meu blog.

Assim que liguei o computador na minha sala de trabalho, fiz exatamente o que meu colega disse ter feito: digitei no Google "campanha de medula óssea em Itapira" e lá estava realmente o meu blog no primeiro resultado da busca. Logo abaixo dele, os sites de notícias que eu havia consultado para escrever o meu artigo.

Naquele instante não consegui entender o que havia acontecido. Em menos de 24 horas meu blog foi classificado melhor que dois sites dos quais eu havia extraído as informações e que haviam publicado a notícia muito antes do que eu. Como isso era possível? Comecei então a analisar, e apenas um detalhe já pode nos dar uma boa noção do que aconteceu.

Utilizo meus conhecimentos em SEO para aplicar técnicas que não dispendem muito tempo. E uma dessas técnicas consiste em colocar no título do artigo as palavras-chaves do texto que, invariavelmente, são as palavras que o usuário digita no Google quando deseja saber sobre ela.

No caso da campanha de medula óssea, as palavras mais prováveis que seriam utilizadas em uma pesquisa pelas pessoas da minha cidade e região poderiam ser:

- campanha;
- cadastramento;
- medula óssea;

- doadores;
- Itapira;

Sendo assim, o mais sensato seria utilizar essas palavras em conjunto, colocando-as no título e na URL (endereço eletrônico) do artigo. Eu, por exemplo, escolhi para meu artigo o seguinte titulo: “Cadastramento de doadores de medula óssea em Itapira”.

Esta é uma prática de SEO muito simples, mas que muitos administradores e desenvolvedores de sites ainda não utilizam. Não é preciso ser um *expert* na área para criar bons títulos para os artigos, basta apenas um pouco de bom senso para escolher as melhores palavras-chaves. Parece ser um pequeno detalhe, mas, nesse meu caso, foi essencial para ser classificado em primeiro lugar na busca do Google.

Projeto Hiperbytes

Depois de três anos estudando sobre blogs, eu já tinha uma bagagem considerável de conhecimento e sabia que nenhum dos meus projetos possuía uma perspectiva de crescimento devido a uma série de fatores, mas, principalmente, por não ter feito um planejamento de longo prazo para eles. Foi então que decidi criar um novo blog, mas dessa vez tudo seria planejado para não cometer os mesmos erros dos blogs anteriores.

Por isso, antes de criar meu próximo blog, fiz um estudo sobre planejamento de projetos em materiais de blogueiros reconhecidos, como o livro *Como criar um blog – de desconhecido a problogger*, do Paulo Faustino (http://www.escoladinheiro.com), no qual ele se propõe a ensinar todos os passos e métodos para a criação de um blog de sucesso.

Depois de ler o livro e tantos outros artigos sobre o assunto, comecei a elaborar um plano de negócios, que nada mais é que um documento no qual você define uma série de aspectos do seu projeto antes mesmo de ele existir. Alguns exemplos de questões que estavam presentes em meu plano de negócios eram:

- Qual seria o nicho de mercado do blog;
- Qual seria o produto e o público-alvo;
- Quais seriam os objetivos e metas de curto, médio e longo prazo;
- Quais eram os pontos fortes, fracos, ameaças e oportunidades no meu projeto;
- Quanto financeiramente estaria disposto a investir;
- Cronograma de desenvolvimento do projeto.

Dentro deste último item, fiz um *checklist* de todas as atividades que teria que desenvolver antes de colocar o blog no ar. Apesar de dar bastante trabalho pensar em tantos detalhes, recomendo fortemente a todo novo blogueiro que invista parte do seu tempo na elaboração de um plano de negócios, pois, com certeza, é muito útil durante o processo de desenvolvimento e o esforço vale a pena.

Depois de tudo planejado e implementado, chegou o momento de colocar o projeto em funcionamento, e a primeira versão do Hiperbytes você pode conferir na imagem a seguir:

Primeira versão do Hiperbytes

Durante a elaboração desse novo projeto, fiz o que estava ao meu alcance para criar uma imagem verdadeiramente profissional, por isso investi na compra de um domínio do tipo ".com.br" e na contratação de um serviço de hospedagem para utilizar o WordPress como plataforma. De modo geral, fiquei muito satisfeito com o resultado.

Escolhi o tema desenvolvimento *web* para o blog por gostar muito do assunto e por estar relacionado diretamente com minha área de formação profissional, pois sou graduado em Sistemas de Informação e pós-graduado em Desenvolvimento de Sistemas para *Web*. Pretendo, então, utilizar esse espaço para compartilhar meus conhecimentos sobre o assunto com quem possa interessar.

No primeiro ano do blog não consegui trabalhar nele da forma como gostaria no que se refere ao conteúdo. Entretanto, durante esse tempo tive oportunidade de fazer vários testes que desejava e agora, com a finalização desse livro, minha meta é dar mais atenção e continuar este trabalho.

Visando favorecer a leitura dos artigos e a melhor otimização pelas ferramentas de busca, comecei em setembro de 2013 uma reformulação no *template* e até o momento a versão atual do Hiperbytes é esta a seguir:

Atual versão do Hiperbytes

Capítulo 3:
O que conquistei com os blogs

Até o presente momento você acompanhou minhas histórias sobre blogs e o que aprendi com eles. Mas, nos próximos capítulos, o foco será contar sobre os efeitos colaterais positivos que essa dedicação em estudar sobre blogs me proporcionou.

Quase emprego em multinacional

Há muitos blogueiros que se utilizam dos blogs para criar uma "vitrine" de seus trabalhos e apresentá-los no mercado profissional. Essa estratégia nunca passou pela minha cabeça quando criei o Neurônio 2.0, mas, antes mesmo de completar um ano de blog, pude perceber o potencial dessa ideia.

Em 2008 eu já estava no terceiro ano da faculdade, e uma das disciplinas que mais me agradava era linguagem de programação Java. Como não tinha muito tempo para dedicar ao Neurônio 2.0, pensei em unir o útil ao agradável, escrevendo alguns artigos sobre programação, acrescentando-os na "salada de assuntos" que publicava no meu blog.

Dos artigos que escrevi sobre a linguagem de programação Java, um em especial (modéstia à parte) ficou muito bom. Nele eu desenvolvi um sistema bem simples de cadastro, mas que utilizava uma série de técnicas de programação, como conexão a banco de dados, manipulação de registros, diferentes filtros de pesquisa, entre outros. Além de disponibilizar o código-fonte para os leitores, coloquei no artigo a explicação de como funcionava cada parte do programa e como configurar o código para rodar no computador do leitor.

Não foram muitos os que se interessaram pelo artigo, mas os que gostaram, agradeceram muito pela "aula" de Java. Dentre as pessoas das quais consegui chamar a atenção com o artigo, uma eu já conhecia há algum tempo pelos blogs e já tínhamos trocado alguns e-mails. Para não correr o risco de comprometê-lo, o chamarei aqui pelo pseudônimo "Jorge" e omitirei qualquer informação que possa identificá-lo.

Como disse, eu já conhecia o Jorge, mas até então eu era apenas um leitor do seu blog que, eventualmente, entrava em contato para tirar alguma dúvida a respeito dos seus artigos. Em alguns desses e-mails, comentei com ele sobre meu blog e, depois do artigo que escrevi sobre meus estudos com a tecnologia Java, ele me mandou o seguinte e-mail:

Date: Fri, 23 Jan 2009 11:54:53 -0800
From:
Subject: Re: Olá
To: josejunior.hpg@hotmail.com

Oi José!

ficou realmente muito bom. Eu sempre dou uma passada em seu blog e dou uma olhadinha!

Perguntinha: O que você sabe de Java?
Qual seu nível de Inglês?

Ta afim de vir trabalhar aqui na IBM?

[]s

Era óbvio que eu estava a fim de trabalhar na IBM! Não tinha a melhor dúvida a respeito disso, esse era (e ainda é para muitos) o sonho da maioria dos universitários de tecnologia como eu. Só que, infelizmente, eu não estava preparado para essa oportunidade e o problema não era meu conhecimento com a tecnologia Java, mas o meu nível de inglês.

Conversando melhor com o Jorge, ele me explicou que não estava necessariamente me oferecendo o emprego, mas que, se eu quisesse, ele poderia me indicar para uma entrevista e, por ser indicação de um funcionário, minhas chances seriam bem maiores. No entanto, tive que recusar o convite, pois muitas oportunidades na IBM exigem um bom nível de inglês para participar dos projetos internacionais e na época eu não tinha nem um inglês básico para concorrer àquela vaga.

Li uma vez no blog do meu amigo Camilo Lopes (http://blog.camilolopes.com.br) um texto que dizia:

> [...] a sorte nada mais é que o encontro do preparo com a oportunidade. Portanto, para ter sorte na vida, devemos estar preparados para as oportunidades quando elas aparecem.

Essa frase resume bem esse meu episódio de quase vaga na IBM, a oportunidade apareceu, mas, infelizmente, eu não estava preparado para ela.

Não sei se essa oportunidade voltará a bater na minha porta, mas de uma coisa eu tenho a absoluta convicção, se essa ou outra oportunidade semelhante aparecer, eu quero estar preparado para ela. Por isso, depois de ter perdido essa oportunidade, me matriculei em um curso de inglês e estudei bastante por dois anos e meio, para em seguida fazer uma viagem de dezoito dias aos Estados Unidos.

Meu inglês ainda não é fluente, mas estou me empenhando para isso. No entanto, se uma oportunidade como a da IBM voltar a aparecer, tenho condições de pelo menos tentar, coisa que naquela época não era possível.

Palestras em escolas

Desde quando conheci a Blogosfera, tive e tenho a oportunidade de aprender todos os dias, tanto na área profissional quanto na pessoal. Mas, sendo um profissional da informática, meu foco sempre foi aprender sobre internet, blogs, redes sociais e afins e, apesar de ainda ter muito o que aprender, adquiri ao longo desses anos uma quantidade considerável de conhecimento que me permite falar com razoável segurança sobre esses assuntos. Por essa razão, tive a honra de ser convidado por dois anos seguidos para palestrar para os alunos do curso técnico em informática da ETEC "João Maria Stevanatto" em Itapira, no interior de São Paulo.

A primeira palestra foi em julho de 2011, com o seguinte tema "O que aprendi com os blogs e as redes sociais". Nela, tentei dar uma visão geral de como funciona a Blogosfera, para em seguida pontuar as oportunidades que um blog bem-feito pode trazer para o seu dono. Na tentativa de mostrar o máximo possível da realidade, apresentei aos alunos as minhas experiências de acertos e erros na criação dos meus três blogs: o Neurônio 2.0, o Casamento de Lizena e Júnior e o recente Hiperbytes. Observação: qualquer semelhança com o conteúdo desse livro *não* é mera coincidência.

E em abril de 2012, fui novamente convidado para palestrar para os alunos na semana de informática da escola, e para não repetir a palestra do ano anterior, escolhi falar sobre Empreendedorismo Digital. Nessa nova palestra, falei sobre a importância dos blogs no mercado *web* e mostrei alguns exemplos de blogueiros que fizeram dos seus blogs verdadeiras empresas e que vivem exclusivamente da renda gerada por eles.

Participação em outros blogs

Uma das maravilhas da Blogosfera é a possibilidade de conhecer pessoas incríveis e tornar-se amigo delas sem nunca tê-las visto pessoalmente. Por mais que o blogueiro escreva sobre um assunto técnico, suas ideias, opiniões e personalidade estão impregnadas nos artigos, e com a leitura constante deles, você acaba por conhecer um pouco a pessoa e se afeiçoa a ela da mesma forma que ocorre na vida *off-line.*

Um desses amigos que conheci por meio da Blogosfera é o Conrado Navarro do blog Dinheirama (http://dinheirama.com). Quando o conheci, estava interessado em aprender mais sobre investimento na bolsa de valores, mas em seu blog ele aborda assuntos que vão muito além da visão técnica sobre investimentos.

Sem fugir do assunto do seu blog, o Conrado escreve como se estivesse tendo um conversa com o seu leitor e aborda profundas reflexões, como consumo consciente, valores pessoais/profissionais, educação financeira, etc. Essas reflexões criavam (e ainda criam) debates interessantes entre os leitores nos comentários, e isso me fazia ter vontade de também participar dando a minha opinião. Consequentemente, passei a manter contato com o Conrado pelos comentários e, posteriormente, por e-mails.

Nossa relação de blogueiro e leitor foi benéfica para ambos os lados, pois, além de ser um leitor assíduo do Dinheirama, sugeri na empresa onde trabalhava que o contratasse para dar uma palestra sobre educação financeira aos funcionários. A ideia foi aceita pela diretoria e, no dia 14 de março de 2011, tive a oportunidade de conhecê-lo pessoalmente e assistir sua palestra.

Depois da palestra, continuamos a trocar alguns e-mails e, certo dia, o Conrado me perguntou se eu não estaria interessado em escrever um artigo para publicar no Dinheirama. Coincidência ou não, eu tinha em meu computador um rascunho para um artigo chamado “Quando compramos por necessidade e quando compramos por vaidade”, que pretendia publicá-lo em meu blog. O artigo ainda estava bem “cru”, mas com o convite de escrever como autor convidado no Dinheirama, finalizei-o rapidamente, investindo mais tempo do que costumava gastar para revisar artigos, com o intuito de deixá-lo “no capricho”, afinal, não é todo dia que somos convidados para publicar um artigo em um blog conceituado como o Dinheirama.

Revisado pela equipe do Dinheirama, meu artigo foi publicado no dia 17 de outubro de 2011 com o seguinte título: “Compramos mais por necessidade ou vaidade?”. Nunca um artigo meu havia sido tão debatido por tantas pessoas! Tirando os meus comentários, vinte e duas pessoas comentaram o artigo deixando elogios e/ou debatendo sobre o assunto. Certamente que se tivesse publicado o artigo em meu blog, ele não teria alcançado nem um centésimo da quantidade de pessoas que o Dinheirama atinge, e muito provavelmente não teria a repercussão que teve.

Diante da repercussão do meu artigo, o Conrado sugeriu que eu escrevesse mais e, daquele dia em diante, tornei-me um colaborador oficial do blog Dinheirama.

Ser um colaborador de um blog reconhecido como o Dinheirama é, além de um orgulho para mim, muito benéfico para meus trabalhos na internet. Só não é mais benéfico porque o nicho de mercado dos meus blogs não é o mesmo que o do Dinheirama. Vamos a um caso muito interessante que ilustra exatamente o que quero dizer.

Em 16 de janeiro de 2012, foi publicado no Dinheirama um artigo meu intitulado "Como economizar e, ainda assim, realizar o casamento dos sonhos", no qual contei sobre os gastos que tive no meu casamento, colocando também uma reflexão sobre as importantes decisões financeiras que tomamos no delicado período que antecede a subida ao altar. E, antes de finalizar o artigo, deixei para os leitores o seguinte trecho:

> Se ficou curioso para ver o terno que usei, ou ainda, gostaria de saber mais sobre como foi nosso casamento, minha esposa e eu temos um blog, Casamento de Lizena e Júnior, onde postamos reflexões, momentos e fotos do nosso matrimônio [...].

Nenhum *link* para o Blog de Casamento foi colocado no artigo, apenas foi mencionado para que o leitor tivesse a curiosidade de pesquisar por ele no Google. Essa sutil propaganda no Dinheirama fez com que o Blog de Casamento tivesse temporariamente um aumento de 200% no número de visitantes, saltando de 60 para 180 visitas no dia seguinte à publicação do artigo. Confira no gráfico a seguir as estatísticas do Google Analytics.

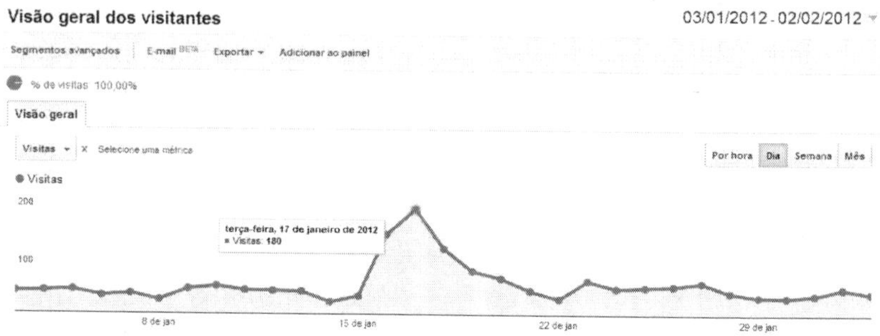

Escrever artigos para blogs que não seja o seu é uma prática chamada de *guest-post* e, como você pode notar no exemplo citado, é sem dúvida uma forma muito eficiente de divulgação do seu trabalho como blogueiro. Essa parceria favorece tanto o blogueiro que recebe o artigo quanto o blogueiro que oferece, pois quem recebe tem em mãos um novo material para publicar, e quem oferece tem a oportunidade de atrair novos leitores para o seu blog.

Esse meu caso com o Blog de Casamento e o Dinheirama só não foi mais efetivo porque os blogs não são do mesmo nicho de mercado. Você pode notar que depois da avalanche de visitas, o número de visitantes no Blog de Casamento voltou bem próximo do que era antes. Com meu artigo no Dinheirama, consegui atrair a atenção e a curiosidade do leitor para chegar até o Blog de Casamento, mas como os blogs possuem assuntos completamente distintos, poucas pessoas se interessaram e retornaram ao blog.

Heróis da vida real

Depois que conheci a Blogosfera, meu conceito de super-herói mudou completamente, e não estou me referindo à forma como o Pedro Bial chama os participantes do Big Brother Brasil. Muito mais do que ter superpoderes ou posar de galã no horário nobre da TV, os super-heróis na minha visão passaram a ser pessoas comuns que realizam algum tipo de trabalho para tornar o mundo um lugar melhor, independentemente da forma como é feito ou da quantidade de pessoas que esse trabalho alcança. Na Blogosfera, isso acontece principalmente com blogueiros que oferecem gratuitamente os seus conhecimentos, como o Alessandro Brandão (http://www.englishexperts.com.br) que compartilha em seu blog muitos textos, dicas e exercícios de inglês para quem está aprendendo o idioma.

Graças à Blogosfera tive o prazer de conhecer várias pessoas assim, mas por morar longe de grandes centros como São Paulo, é difícil conseguir encontrar pessoalmente essas pessoas em eventos como a Campus Party, que reúne centenas de blogueiros famosos e não famosos. Mas, como já dizia Paulo Coelho, "quando a gente quer alguma coisa, o universo conspira a nosso favor" e aos poucos vão surgindo oportunidades para conhecer pessoalmente cada um dos meus heróis.

Alexandre Ottoni e Deive Pazos

Os primeiros "heróis" que conheci pessoalmente foram o Alexandre Ottoni (Jovem Nerd) e o Deive Pazos (Azaghâl) do blog Jovem Nerd. Em 2009, quando soube que eles participariam da FanMixCon em Campinas/SP, tive a certeza de que não haveria melhor oportunidade para conhecê-los do que naquele evento, que era razoavelmente próximo de minha cidade.

Como não tinha carro e os horários de ônibus não batiam, peguei uma carona com um vizinho que todo sábado viajava para Campinas. No evento, pude conversar brevemente com Alexandre sobre os assuntos que mais me interessam no site Jovem Nerd e como a segunda temporada do seriado Heroes da NBC (rede de televisão dos Estados Unidos) foi uma decepção. Além do papo, fizemos uma foto com o famigerado cumprimento nerd de "vida longa e próspera" e comprei minha primeira camiseta da NerdStore.

Conrado Navarro

Graças a um nerdcast* chamado "Pai Rico, pai pobre" do Jovem Nerd, comecei a interessar-me por educação financeira, e nas minhas pesquisas sobre o assunto conheci o blog Dinheirama, do qual me tornei fã de carteirinha pelo excelente trabalho que o Conrado Navarro, Ricardo Pereira e equipe realizam no blog.

Como já falei no capítulo anterior, tive a oportunidade de conhecer o Conrado em uma palestra que ele veio fazer no hospital onde eu trabalhava. Depois da palestra, pudemos conversar enquanto almoçávamos e, antes de ir embora, o Conrado me presenteou com um exemplar autografado do seu livro *Vamos falar de dinheiro?*.

Conrado Navarro

Foto: Júnior Gonçalves.

Juliana Sardinha

Não faz muito tempo encontrei com uma pessoa muito querida na Blogosfera e que muito me ajudou no início do meu blog: a Juliana Sardinha, do Dicas Blogger. Ela, além de ser blogueira, é médica psiquiatra, e nós nos encontramos em um simpósio de psiquiatria no hospital onde eu trabalhava.

Juliana Sardinha

Foto: Júnior Gonçalves.

Paulo Faustino, Gustavo Guanabara e Fábio Ricotta

Em julho de 2011, tive a oportunidade de participar de um evento em São Paulo chamado ExpOn. Nesse evento, pude assistir a excelentes palestras de grandes nomes da *web,* mas entre todos os palestrantes, os que eu mais aguardava por já acompanhar de perto seus trabalhos eram Fábio Ricotta (http://www.mestreseo.com.br), Gustavo Guanabara (http://www.guanabara.info) e Paulo Faustino (http://www.escoladinheiro.com). Todos foram muito solícitos depois da palestra, e consegui me aproximar tempo o suficiente para um aperto de mão e uma foto com cada um deles.

Fábio Ricotta

Foto: Júnior Gonçalves.

Elaine e Gustavo Guanabara

Foto: Júnior Gonçalves.

Paulo Faustino

Foto: Júnior Gonçalves.

Há também outros blogueiros que considero como “heróis” e que de tanto conversar com eles por e-mail pedindo ajuda, conselhos ou simplesmente jogando conversa fora, também os considero como amigos. Ariane Fonseca, Camilo Lopes e Christian Barbosa são exemplos desses amigos e “heróis” que ainda espero ter a oportunidade de conhecer pessoalmente.

Unindo o necessário ao agradável

Um dia, resolvi mostrar o meu blog Hiperbytes para o coordenador de T.I. do hospital no qual eu trabalhava, e ele, entusiasmado com a ideia, perguntou-me como funcionava o WordPress e o que mais poderia ser feito ali. Depois de algumas semanas, ele disse que estava pensando em apresentar para a diretoria do hospital um projeto para a criação de um blog institucional e perguntou se eu aceitaria esse desafio. É claro que aceitei na hora, pois eu iria ganhar para fazer algo que com certeza eu faria de graça! Que mais um blogueiro poderia querer?

Decorridos alguns meses devido à burocracia organizacional, o projeto foi aprovado e passamos para a fase de planejamento. Mais algumas semanas e comecei a trabalhar em um protótipo, e depois de todas as correções necessárias, inauguramos no dia 05 de agosto de 2010 o Blog do Instituto Bairral, que você pode ver na imagem a seguir:

Blog do Instituto Bairral de Psiquiatria

Realizar este trabalho foi uma tarefa muito fácil, pois utilizei a mesma estrutura e ferramentas do Hiperbytes. Neste projeto fiquei responsável pela manutenção do blog e por publicar duas vezes por semana os artigos que diversos profissionais escrevem sobre assuntos ligados à psiquiatria hospitalar e aos eventos da Instituição.

O Desafio de SEO da MestreSEO[1]

Apresentarei agora um caso de técnicas de SEO aplicadas durante o 4° Desafio de SEO da MestreSEO. Ao longo do capítulo, você poderá conhecer as minhas estratégias, as técnicas aplicadas no blog e quais foram os resultados obtidos com elas, podendo, então, observar quais foram as mais eficientes.

Não sou especialista em SEO e nem trabalho diretamente na área, portanto, tudo o que houver escrito sobre esse assunto daqui em diante, você deverá, mais do que nunca, ponderar cuidadosamente qualquer estratégia relatada, pois não há garantias de que elas possam ser eficientes em outros projetos, mesmo que aqui elas possam ter sido.

Sobre o Desafio de SEO

A MestreSEO é uma empresa especializada em otimização de sites para ferramentas de busca, e todos os anos o seu cofundador, Fábio Ricotta, organiza um desafio para profissionais e estudantes de SEO competirem pela primeira posição do Google para um termo ainda inexistente nos resultados de busca. O desafio é aberto a todos que desejam par-

1. Em 2013, a diretoria da MestreSEO decidiu mudar o nome da empresa para Agência Mestre com o objetivo de expandir sua área de atuação no mercado.

ticipar, sendo que a única regra é chegar à primeira posição do Google, independentemente das estratégias e técnicas utilizadas.

Para o ano de 2012, o Fábio Ricotta escolheu "Katipsoi Zunontee" como a palavra-chave a ser trabalhada no Desafio de SEO. Segundo o artigo na MestreSEO, esse nome refere-se a um descendente nobre dos Maias que não acreditava na teoria do fim do mundo e que supostamente salvaria o nosso planeta das catástrofes que estavam previstas para o dia 21 de dezembro de 2012.

Tenho certeza que você deve ter estranhado esse nome e essa história maluca sobre Maias e o fim do mundo, mas o desafio está justamente em ranquear uma palavra sobre a qual ninguém escreveu ainda na internet. Dessa forma, os profissionais e curiosos de SEO como eu podem aplicar seus conhecimentos e experimentar novas técnicas no desafio.

Esta foi a primeira vez que ouvi falar sobre o Desafio de SEO, e quando fiquei sabendo, já havia passado duas semanas do início. Hesitei se valeria a pena ou não participar por estar tão atrasado em relação aos outros participantes. Na dúvida, perguntei no Twitter para Ique Muniz se ele achava que ainda dava tempo para participar, e ele respondeu com o seguinte *tweet:*

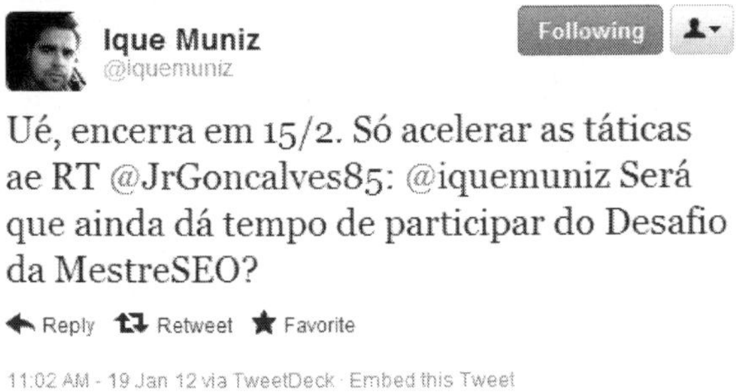

Depois de receber esse *tweet* do Ique, resolvi arriscar, pois não tinha nada a perder participando do desafio, e então comecei a planejar minhas estratégias.

Antes de começar a trabalhar, fiz uma maratona de estudos sobre SEO, lendo muitos artigos e ouvindo vários *podcasts**. Em dois dias, sábado e domingo, aprendi várias coisas sobre SEO que eu ainda não sabia e que poderiam ser bem úteis para o desafio. Munido de mais conhecimento, tracei um plano de ação e comecei a trabalhar no Neurônio 2.0 para ranquear o Katipsoi Zunontee no Google.

Achei melhor participar do desafio utilizando o Neurônio 2.0, pois não queria correr o risco de prejudicar meu trabalho no Hiperbytes, já que invisto nele profissionalmente. Talvez, se tivesse optado por utilizar o Hiperbytes, meu desempenho no desafio poderia ter sido um pouquinho melhor. Embora eu já soubesse disso, foi durante o desafio que comprovei as deficiências que o Blogger possui quando o assunto é otimização para ferramentas de busca.

Este capítulo do livro só existe porque aproveitei o desafio para realizar vários testes de SEO. Conforme gerava conteúdo e aplicava minhas técnicas focando na palavra-chave, eu anotava todas as ações que realizava e no dia seguinte verificava os impactos nos resultados do Google. Acompanhe a seguir minhas estratégicas, táticas e resultados com o 4° Desafio de SEO da MestreSEO.

Minhas estratégias no Desafio de SEO

DATA: 23/01/2012

Minha primeira estratégia no 4° Desafio de SEO da MestreSEO foi criar uma história de ficção científica sobre um super-herói chamado Katipsoi Zunontee, sendo o primeiro artigo desta minha história intitulado como "Katipsoi Zunontee — o guardião".

O artigo possuía:

- Aproximadamente 500 palavras;
- Palavra-chave exata na URL do artigo;
- Sete vezes a palavra-chave no texto;
- E a URL completa do artigo ficou assim:

http://www.neuronio20.com/2012/01/katipsoi-zunontee-o-guardiao.html

Além da preocupação em otimizar o conteúdo do artigo, alterei manualmente algumas configurações no HTML do blog:

Acrescentei a palavra-chave no elemento "*title*":

```
<title>Neurônio 2.0 – Katipsoi Zunontee</title>
```

Acrescentei a palavra-chave no elemento "*meta description*":

```
<meta content='Katipsoi Zunontee – O Neurônio 2.0 é um diário virtual de anotações, ideias, memórias e devaneios, ou melhor, um espaço onde compartilho minhas experiências do dia a dia, sejam elas profissionais, acadêmicas ou pessoais. ' name='description'/>
```

E acrescentei a palavra-chave no elemento "*meta keywords*":

```
<meta content='Katipsoi Zunontee, informática, carreira, monografia, opinião' name='keywords'/>
```

Esses elementos *title, meta description e meta keywords* fazem parte da linguagem HTML de desenvolvimento *web* e eles estão no conjunto de fatores analisados pelas ferramentas de busca para verificar o conteúdo e a qualidade de um site ou blog.

Como estava utilizando um blog hospedado no Blogger, senti muita dificuldade devido às restrições da plataforma. Por exemplo, as alterações dos elementos HTML na plataforma Blogger são pulverizadas para todas as postagens; se estivesse utilizando o WordPress, por exemplo, isso não seria problema com um *plugin* que possibilita configurar esses elementos de forma diferenciada em cada artigo.

Meus trabalhos no Desafio de SEO foram todos direcionados para ranquear este primeiro artigo no Google. Então, sempre que disser "artigo principal" ao longo desse capítulo, estou me referindo ao artigo "Katipsoi Zunontee – o guardião".

DATA: 25/01/2012

Neste dia, escrevi uma frase chamando o leitor para a ação de clicar no *link* e coloquei no final dos quinze artigos mais visitados do blog. Essa tática em SEO é chamada de *call action* e possui o intuito de chamar a atenção do leitor para clicar no *link*. Para isso, ela deve ser breve e aguçar a curiosidade do leitor. Segue o texto que utilizei:

> Considere ainda ler nosso artigo sobre "Katipsoi Zunontee – o guardião" e descubra quem é este herói que salvou sua vida muitas vezes e você nem se deu conta disso.

Publiquei também nesse dia um artigo chamado "4° Desafio da MestreSEO: Katipsoi Zunontee", no qual informava aos meus leitores sobre as mudanças no blog devido à minha participação no Desafio da MestreSEO. É claro que aproveitei esse artigo e inseri nele dois *links* para o artigo principal.

Uma técnica de SEO para a qual eu não dava muita importância era a de otimizar as imagens dos artigos. A partir desse dia, passei a utilizar essa técnica em todos os meus artigos e nos dois que já havia escrito para o Desafio de SEO, otimizei as imagens inserindo a palavra-chave nos atributos *title* e *alt* do elemento *<img>* (programação HTML). Segue um exemplo:

```
<img src="endereço da imagem" alt="Katipsoi Zu-
nontee" title="Katipsoi Zunontee – o guardião" />
```

Nesse mesmo dia, comecei a monitorar no Google o desempenho do meu blog na busca por "Katipsoi Zunontee", e meu artigo "Katipsoi Zunontee – o guardião" estava na oitava página dos resultados de busca. Nada mal, em minha opinião, se pensarmos que havia mais de 200 mil resultados para essa busca e que a página havia sido publicada a menos de 48 horas. Veja a imagem da SERP (termo técnico para representar as páginas que exibem os resultados de uma busca feita no Google).

DATA: 27/01/2012

Dois dias depois publiquei um novo artigo chamado “A origem de Katipsoi Zunontee”, com três *links* para o artigo principal e com as imagens otimizadas da seguinte forma:

```
title="Constelação de Orion – origem de Katipsoi Zunontee" alt="Constelação de Orion – origem de Katipsoi Zunontee"
```

Experimentei também nesse dia utilizar a estratégia de e-mail marketing com meus contatos de e-mail para que eles contribuíssem comigo no desafio de alguma das seguintes formas: 1. visitando o artigo no blog; 2. deixando um comentário no artigo; 3. clicando no botão +1 da rede social do Google; e 4. divulgando o artigo para os contatos de e-mail deles. Segue o texto enviado como e-mail marketing para aproximadamente 50 pessoas:

> Subject: Estou participando de um concurso e peço sua ajuda
> Olá, tudo bem?

Estou participando do 4º Desafio de SEO da Mestre-SEO e venho através desse e-mail pedir, se possível, a sua ajuda.
Basicamente o desafio consiste em colocar um site nos primeiros resultados de busca do Google para uma palavra específica que ninguém escreveu sobre ela ainda. Esse ano a palavra é Katipsoi Zunontee. Independente do significado da palavra, o objetivo é criar conteúdo na internet que faça com que as pessoas o encontrem através do Google.
O artigo com o qual estou concorrendo está no meu blog pessoal com o nome de "Katipsoi Zunontee – o guardião".

Se você puder e quiser me ajudar, você pode fazer alguma coisa dos itens listados abaixo:
1 – Clicar aqui e ler meu artigo diretamente no blog;
2 – Deixar um comentário no artigo;
3 – Clicar no botão +1 logo abaixo do artigo
4 – Recomendar para seus amigos lerem o artigo;

Caso tenha interesse em ajudar ainda mais, peço que entre em contato para esclarecer o que mais você pode fazer para me ajudar.
Grato pela atenção,
Junior Gonçalves
www.neuronio20.com

Utilizando essa estratégia apenas com os meus contatos de e-mail, que não são muito familiarizados com blogs, consegui ainda no mesmo dia os seguintes resultados:

- Dois comentários no artigo;
- Três marcações de +1 (sem contar o meu); e
- 36 visualizações na página "Katipsoi Zunontee – o guardião".

Ainda na parte da manhã daquela sexta-feira, dia 27 de janeiro, fiz uma nova busca no Google por "Katipsoi Zunontee", e nesse período de dois dias desde a última consulta, meu blog passou da oitava para a quarta página da SERP.

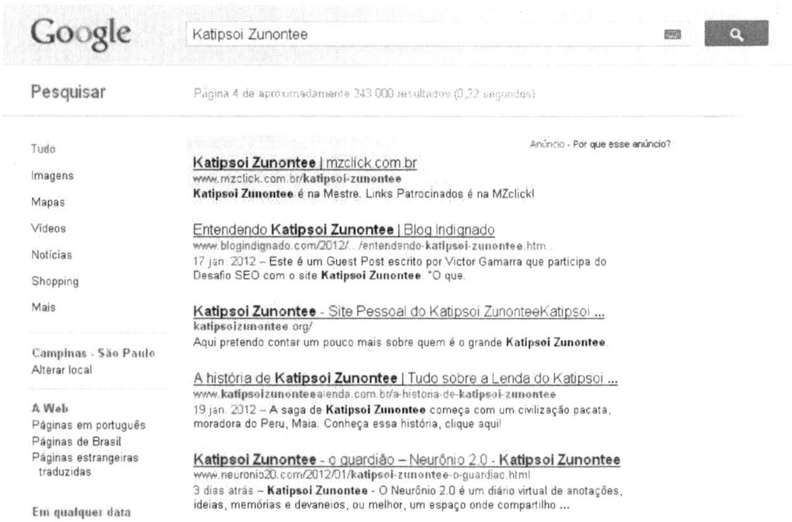

Muito animado com meu progresso no desafio, resolvi investir mais tempo do que tinha planejado em estratégias para redes sociais. Para isso, adicionei no meu perfil do Facebook dezenas de amigos dos meus amigos, e no Twitter criei algumas contas *fakes** e, juntamente com outras já existentes, passei a seguir centenas de pessoas na expectativa de que elas seguissem de volta.

No Twitter da minha esposa (@lisacescon), que há muito tempo estava abandonado, passei a seguir em torno de 300 pessoas; no perfil @costelinha (homenagem à minha cachorrinha de estimação) passei a seguir umas 500; no @jorgegoesjr umas 600 e no perfil do @hiperbytes mais de mil pessoas. Todas essas pessoas que passei a seguir nessas contas foram encontradas no Twitter do Fábio Ricotta, Ique Muniz e Juliana Sardinha.

Por fim, para fechar aquele dia de trabalho, fiz um "pente-fino" através do Google Analytics à procura dos dez artigos que menos recebiam visitas e os exclui do blog. Artigos assim, geralmente de baixa qualidade, fazem aumentar a taxa de rejeição e influenciam na "nota" que o Google atribui para o blog. O mais correto nesse caso seria reescrever esses artigos para aumentar a qualidade dos mesmos e diminuir essa taxa de rejeição, mas isso demandaria um tempo que não estava disposto a investir por não achar que valeria a pena o esforço gasto nessa tarefa.

DATA: 29/01/2012

Era domingo. Acordei bem cedo naquele dia, pois tinha dezenas de coisas em mente para fazer. Primeiro, melhorei o artigo principal acrescentando mais informações sobre o Katipsoi Zunontee, interligando os artigos através de *links* e aumentando a quantidade da palavra-chave dentro do artigo. Depois, acrescentei uma imagem e passei a utilizá-la como um brasão, postando-a em vários lugares como se fosse o símbolo do Katipsoi Zunontee.

Katipsoi Zunontee

o guardião

Com o objetivo de divulgar o conteúdo do meu blog, utilizei-me da estratégia de criar contas no nome de Katipsoi Zunontee em vários serviços da *web*, como:

- Flavors.me (http://flavors.me): agregador de serviços onde você pode cadastrar todas as suas contas de redes sociais e sites que você participa. Funciona na verdade como um cartão profissional no qual você apresenta apenas um único endereço para seu visitante e garante que ele conheça todo seu perfil *on-line*;

- About.me (https://about.me): serviço muito semelhante ao Flavors para centralizar em uma única página os seus dados pessoais, os blogs dos quais participa e os perfis de redes sociais;

- Formspring (http://www.formspring.me): rede social que permite aos usuários receberem perguntas de outros usuários ou de pessoas não cadastradas. As perguntas enviadas podem ser respondidas e publicadas no perfil do usuário, onde qualquer um pode vê-las, ou serem excluídas se o usuário não quiser respondê-las;

- Twitter (https://twitter.com): rede social muito popular que permite aos usuários enviar e receber atualizações de outros usuários por meio de curtas mensagens com até 140 caracteres;

- Flickr (http://www.flickr.com): site de armazenamento de imagens que, a estilo de rede social, permite o compartilhamento do conteúdo entre seus usuários;

- Slideshare (http://www.slideshare.net): aplicação *web* que permite aos usuários fazerem *upload** de apresentações em *Power Point* para compartilhar seu conteúdo na internet. Além disso, os usuários do serviço podem dar notas para as apresentações e deixar comentários sobre elas;

- Yahoo! Respostas (http://br.answers.yahoo.com): serviço que permite a todo usuário realizar perguntas sobre qualquer tema ou responder àquelas feitas por outros usuários. As perguntas geralmente recebem muitas respostas e encerram-se quando o autor da pergunta escolhe a melhor resposta.

No Flavors.me e no About.me cadastrei todos os serviços e *links* do meu blog sobre o Katipsoi Zunontee.

No Formspring criei algumas perguntas como anônimo e respondi deixando *links* para a postagem principal.

No Twitter coloquei todos os *links* sobre Katipsoi postados no meu blog e no Flickr, as imagens que utilizei para ilustrar os artigos.

No Slideshare criei uma apresentação em *Power Point* e depois de fazer o *upload*, inseri dentro de um novo post chamado "Viagem de Katipsoi Zunontee pelo universo".

No Yahoo! Respostas criei duas contas. Com uma fiz a pergunta: "Quem é Katipsoi Zunontee – o guardião?", e com a outra, respondi deixando um *link* para o artigo principal do Katipsoi Zunontee.

Nunca havia utilizado nenhum serviço do Yahoo!, e quando criei essas contas não me preocupei em conhecer exatamente como funcionava o serviço do

Yahoo! Respostas, minha única intenção ali era ganhar um *link*, mas minha pergunta foi excluída por que infringi os termos de uso do serviço. Estranhamente, outro participante do desafio conseguiu que seu *link* fosse aceito em uma reposta, porém, eu não quis perder mais tempo consertando o que fiz de errado e deixei isso para lá.

Ao longo do dia, postei no Facebook e no Twitter a seguinte mensagem:

> Conheça a história de Katipsoi Zunontee, um guardião do universo que protege os habitantes do planeta Terra há muitos anos e que você não faz ideia de quantas vezes ele salvou sua vida e nunca soube disso.

Cadastrei-me também nos sites a seguir para enviar o *link* do artigo principal:

- Galeria de *Links* (http://www.galeriadelinks.com);
- Galeria de Blogs (http://www.galeriadeblogs.com);
- Ocioso (http://www.ocioso.com.br);
- DiHITT (http://www.dihitt.com.br);
- Linklog (http://www.linklog.com.br);
- UEBA (http://ueba.com.br).

O meu objetivo ao me cadastrar em tantos sites era de divulgar meu artigo sobre o Katipsoi Zunontee para o maior número possível de pessoas. Quanto mais *links* eu conseguisse e quanto mais pessoas lessem meu artigo, maior seria a "nota" que o Google daria ao meu blog e, consequentemente, melhor classificado seria o meu artigo nas pesquisas pelo termo Katipsoi Zunontee.

Antes de fechar os trabalhos do dia, nova pesquisa no Google por Katipsoi Zunontee e descobri que depois de mais dois dias, apesar de ter caído algumas posições, o meu blog ainda continuava na quarta página nos resultados de busca.

DATA: 30/01/2012

Apesar de não ter tido muito tempo para trabalhar nesse dia, continuei com a estratégia nas redes sociais e postei vários *links* no Twitter e no Facebook.

DATA: 31/01/2012

Depois de dois dias trabalhando pesado nas redes sociais e nos diretórios, fiz uma nova pesquisa e descobri que meu artigo havia caído para a quinta página na busca do Google. Veja a seguir na imagem da SERP.

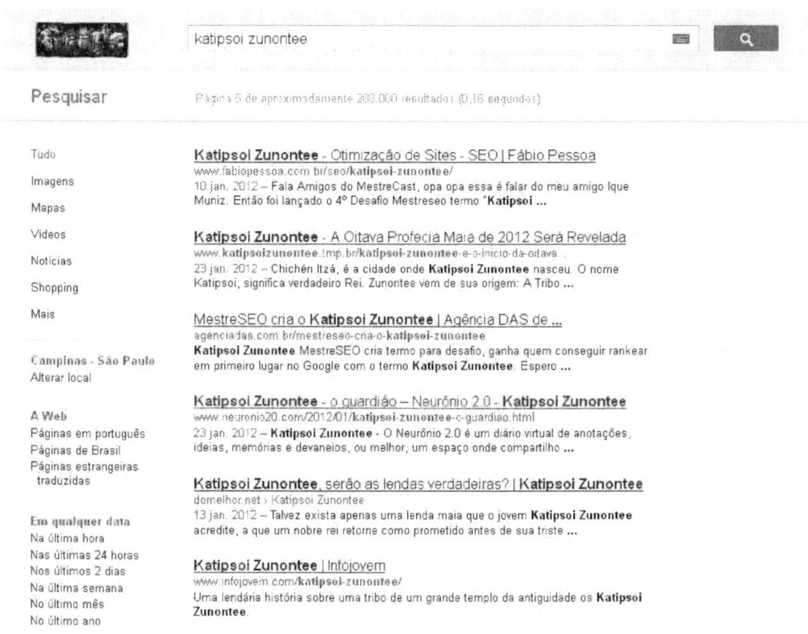

Depois de verificar que minhas estratégias de divulgação em redes sociais e diretórios não estavam sendo eficazes da forma como eu esperava, chegou o momento de testar os impactos de outra técnica de SEO: o *link building**. Estratégia essa que consiste em conseguir *links* de outros blogs ou sites, a fim de que eles influenciem e melhorem o posicionamento do nosso blog. Para isso, eu possuía quatro blogs de diferentes *PageRanks** que poderiam inserir um ou mais *link* para o artigo principal.

O primeiro *link* que "ganhei" foi do blog "Dicas para Saúde" (*PageRank zero*) com o texto âncora* exato da palavra-chave dentro de um artigo.

No meu blog Hiperbytes (*PageRank* 1), postei uma notícia sobre o 4º Desafio de SEO da Mestre-SEO e aproveitei para colocar três *links* para o artigo principal, me preocupando em variar o texto âncora.

Publiquei um artigo chamado "Katipsoi Zunontee — o Desafio de SEO do noivo" no Blog de Casamento (*PageRank* 2), colocando dois *links* e variando também o texto âncora.

O quarto blog do qual "ganhei" um *link* tinha *PageRank* 3, mas tive que utilizar uma tática obscura conhecida como *Black Hat*. Este blog era de um cliente que eu prestava serviço de *freelancer,* e como não poderia simplesmente criar um artigo, coloquei um *link* escondido dentro de um artigo no blog desse cliente.

Para experimentar ainda mais os impactos do *link building* no ranking do Google, escrevi um e-mail para alguns amigos pedindo a eles um *link* em seus blogs.

DATA: 02/02/2012

Neste dia, escrevi e publiquei um novo artigo chamado “Katipsoi Zunontee no planeta sombrio”. Além disso, aproveitei para escrever vários outros artigos para postar gradualmente no blog.

Nesse dia conferi também a SERP do Google para Katipsoi Zunontee e descobri que meu blog tinha voltado para a quarta página depois da ação de *link building*. Veja na imagem a seguir.

Pesquisar

Página 4 de aproximadamente 293 000 resultados (0,16 segundos)

Tudo
Imagens
Mapas
Vídeos
Notícias
Shopping
Mais

Campinas - São Paulo
Alterar local

A Web
Páginas em português
Páginas de Brasil
Páginas estrangeiras traduzidas

Em qualquer data
Na última hora
Nas últimas 24 horas
Nos últimos 3 dias
Na última semana
No último mês
No último ano
Intervalo personalizado...

Mais ferramentas

Entendendo **Katipsoi Zunontee** | Blog Indignado
www.blogindignado.com/2012/.../entendendo-**katipsoi-zunontee**.htm
17 jan. 2012 – Este é um Guest Post escrito por Victor Gamarra que participa do Desafio SEO com o site **Katipsoi Zunontee**. "O que.

Katipsoi Zunontee [licensed for non-commercial use only] / FrontPage
katipsoizunontee.pbworks.com/
Para quem não sabe nosso salvador é **Katipsoi Zunontee**, um descendente Maia, de uma linha sanguínea super rara que pode ser extinta caso não haja ...

Katipsoi Zunontee - O Maia do Fim do Mundo
maia**katipsoi**.com/**zunontee**/
Katipsoi Zunontee é um nobre descrente sobre a teoria do fim do mundo de acordo com o calendário Maia prevista para 2012.

Katipsoi Zunontee | Fotos
www.fotos.ntr.br/**katipsoi-zunontee**/
20 jan. 2012 – Conheça um pouco sobre essa civilização tão interessante que é os **Katipsoi Zunontee**, um povo com muitas culturas.

Sobre **Katipsoi Zunontee** | **Katipsoi Zunontee**
katipsoizunontee.blog.br/sobre-**katipsoi-zunontee**/
Oi, sou o **Katipsoi Zunontee**. Sou descendente da família Maia: Youré. **Katipsoi Zunontee**, o Pelé. Em nosso calendário o mundo se encerrará este ano, 2012 e ...

Katipsoi Zunontee - o guardião – Neurônio 2.0 - **Katipsoi Zunontee**
www.neuronio20.com/2012/01/**katipsoi-zunontee**-o-guardiao.html
23 jan. 2012 – Este ano a palavra-chave para o desafio é **Katipsoi Zunontee** que, ... **Katipsoi Zunontee** é membro de uma legião de guardiões que defendem ...

Katipsoi Zunontee - Conheça a lenda de **Katipsoi Zunontee**
lenda**katipsoizunontee**.blog.br/
3 dias atrás – Trágedia no Rio de Janeiro, o **Katipsoi Zunontee** e a Guarda Imperial não conseguiram evitar o desabamento do edifício Liberdade e mais 2 ...

Com a estratégia de pedir *link* para alguns amigos blogueiros, consegui quatro *links*, sendo eles dos seguintes blogs:

- Silenceonpaper – *PageRank* 2

http://silenceonpaper.blogspot.com/2012/02/katipsoi-zunontee-o-guardiao.html

- Mundo Teia – *PageRank* 0

http://www.mundoteia.blogspot.com/2012/02/katipsoi-zunontee.html

- Linguagem Bytes – *PageRank* 0

http://linguagembytes.blogspot.com/2012/02/katipsoi-zunontee.html

- Pensamentos JJanio – *PageRank* 0

http://jjanio.blogspot.com/2012/02/katipsoi-zunontee-o-guardiao.html

DATA: 06/02/2012

A estratégia de *link building* surtiu efeito muito além do esperado. Meu artigo deu um salto da quarta para a segunda página dos resultados de buscas. Veja a seguir na imagem da SERP.

Como aparentemente a estratégia de *link building* havia funcionado melhor do que qualquer outra, comecei a pensar de onde poderia conseguir mais alguns *links*. Sair pedindo para qualquer um não traria muito resultado, e pedir para blogueiros experientes seria uma atitude que "queimaria meu filme", pois, pedir *links* é uma prática não muito bem-vista na Blogosfera. Foi então que pensei em pedir ajuda para os seguidores do meu blog; se eles o seguem é que provavelmente gostam e assim seriam mais suscetíveis em me ajudar com o desafio. Procurei então o contato deles e pedi que me ajudassem colocando um *link* do meu artigo nos seus blogs.

Estudando um pouco mais sobre SEO, descobri que o elemento *meta description* do meu blog estava muito longo, e por isso alterei-o deixando então da seguinte forma:

```
<meta content='Katipsoi Zunontee - O Neurônio 2.0 é um diário virtual de anotações, ideias, memórias e devaneios, ou melhor, um espaço onde compartilho minhas experiências do dia-a-dia. ' name='description'/>
```

Apesar da boa conduta da Blogosfera dizer que não se deve ficar pedindo *links*, nem todos os blogueiros pensam dessa forma e vários participantes do desafio deixaram comentários no meu blog pedindo *links*. Resolvi que atenderia o pedido de apenas um, do Renato Xavier (http://www.renatoxavier.com), porque tive algumas ideias bem legais lendo o blog dele e porque ele soube pedir com educação.

Publiquei então um artigo chamado "Notícia urgente: Falsas notícias sobre Katipsoi Zunontee na internet" e coloquei um *link* para o blog do Renato Xavier.

O artigo possuía:

- Aproximadamente 170 palavras;
- Palavra-chave exata na URL; e
- Seis *links* com textos âncoras diferentes para diferentes artigos.

Resolvi melhorar o blog como um todo e fiz uma revisão geral em todos os *links*, começando do primeiro artigo postado em março de 2008 até os mais recentes. Nessa verdadeira faxina eu encontrei:

- Vinte *links* quebrados que apontavam para a URL antiga do blog;
- Artigos de baixa qualidade com *links* para *download* no extinto Megaupload;
- Imagens não mais disponíveis por estarem em servidores de terceiros;
- Dezenas de *links* que eram desnecessários e estavam repartindo o *link juice** do meu blog. Exemplo desse tipo de *link*: http://www.infowester.com.

Encontrei também um artigo bem antigo de quando participei de uma campanha de divulgação de um e-book no qual todos os blogueiros deveriam incluir no seu blog os *links* dos blogs participantes da campanha. Um verdadeiro "pecado" de troca de *links* que na época era uma prática comum até o Google resolver que isso não era legal. Por ser uma postagem muito antiga, não me recordava mais dela, mas o *link juice* estava sendo repartido com aproximadamente 70 *links* que não acrescentavam em nada no meu blog.

Publiquei nesse dia mais um artigo chamado "Katipsoi Zunontee encurralado", e na *home* (primeira página do blog) coloquei um bloco de texto com a seguinte chamada:

> Conheça a história de um guardião que tem como missão proteger o universo contra todo tipo de ameaça intergaláctica. Somente aqui você conhecerá a trajetória desse herói a partir do artigo "Katipsoi Zunontee – o guardião". Não perca, sua vida e de toda a galáxia estão em jogo.

No fim desse dia, criei um blog com a URL www.katipsoi-zunontee-o-guardiao.blogspot.com e coloquei nele todos os *links* do Neurônio 2.0 que falavam sobre o Katipsoi Zunontee.

DATA: 08/02/2012

Nesse dia, logo pela manhã, fiz uma busca no Google e minha colocação na SERP não havia sofrido alterações, mantendo-se no último resultado da segunda página.

Como já estávamos a uma semana do término do desafio, decidi otimizar o elemento *meta description* até o fim do desafio, ficando então da seguinte forma:

```
<meta content='Katipsoi Zunontee - o guardião. Conheça a história desse herói que protege nosso planeta das forças malignas e ameaças intergalácti-cas. ' name='description'/>
```

Pensei em utilizar uma estratégia diferente e relacionar o nome do super-herói da minha história com outro assunto que poderia ser pesquisado no Google. Fiz então um artigo em que o Katipsoi Zunontee supostamente teria aparecido disfarçado no seriado Fringe.

Na tentativa de ganhar um *link* de qualidade, pensei em escrever um *guest-post* para um blog de maior popularidade e escolhi o Criar Sites (*http://www.criarsites.com*) do Celso Lemes para enviar um artigo relacionado ao assunto do blog dele. Óbvio que não mencionei minha intensão de ganhar um *link* para o Desafio de SEO, e no fim das contas, minha estratégia não funcionou, pois, apesar de o Celso ter gostado do artigo, ele só o publicou no dia 23 de fevereiro devido à sua política de agendamento.

Fiquei frustrado no início porque não me seria útil o artigo ser publicado uma semana depois do término do desafio, mas caí na real e percebi que estaria pedindo demais, afinal, só o fato de ter um artigo publicado em um blog tão popular quanto o Criar Sites já era uma verdadeira conquista.

DATA 09/02/2012

Utilizando mais uma vez da estratégia de relacionar o Katipsoi Zunontee com outros assuntos, escrevi um artigo chamado "Katipsoi Zunontee na Campus Party 2012", fazendo referência a um participante do nerdcast que estaria participando do evento.

O artigo possuía:

- Aproximadamente 340 palavras;
- Palavra-chave exata na URL;
- Seis *links* com textos âncoras diferentes para diferentes artigos;
- A imagem recebeu os atributos *alt* e *title*.

Análise dos participantes do desafio

Já dizia Don Corleone em *O Poderoso Chefão*: "Mantenha seus amigos próximos e seus inimigos mais próximos ainda". Resolvi então investir um pouco de tempo analisando quem eram meus concorrentes no desafio e o que eles estavam fazendo em seus blogs. Dos 40 primeiros blogs que analisei nos resultados de busca, os dez primeiros chamaram muito minha atenção pelos seguintes motivos:

- Oito deles eram muito parecidos entre si. Todos utilizavam WordPress, o domínio possuía variações da palavra-chave, o modelo era muito simples com fundo branco, texto preto, *links* azuis e muitos artigos com a palavra-chave fazendo referências a assuntos mais pesquisados no Google.

- Entre os dez primeiros, apenas dois blogs não possuíam a palavra-chave no domínio principal: o Sobre Marketing (http://www.sobremarketing.com.br) e o Renato Xavier (http://www.renatoxavier.com), que utilizaram um blog já existente e postaram poucos artigos sobre Katipsoi Zunontee. No entanto, esses poucos artigos possuíam muito conteúdo e mesclavam textos, fotos, desenhos, gráficos, vídeos e o que mais fosse possível acrescentar no artigo.

A partir dessa minha análise, cheguei às seguintes conclusões:

1. Muitas pessoas estavam dispostas a vencer esse concurso, pois a quantidade de domínios com variações da palavra-chave era muito grande. Acredito que ninguém investiria dinheiro na compra de um domínio se não estivesse realmente disposto a tentar vencer o desafio;

2. A maioria dos participantes eram pessoas que trabalhavam direta ou indiretamente com SEO, e ganhar o desafio poderia ser uma forma de expor ao mercado o seu trabalho. Por isso, vencer o desafio estava muito além de ganhar os prêmios que a MestreSEO estava oferecendo;

3. Não posso afirmar com absoluta certeza, mas se não me engano, dos vinte primeiros colocados nos resultados de busca por Katipsoi Zunontee, o meu blog era o único a utilizar o Blogger. O que reforça ainda mais a ideia de que esses participantes eram profissionais da área e não meros amadores.

Ao chegar a essas conclusões, percebi o quão longe estava de vencer esse desafio, mas, por outro lado, fiquei muito satisfeito com meu desempenho até ali. Estávamos a uma semana do término do desafio e minha colocação nos resultados de buscas não estava muito ruim, pois se levar em consideração que meu trabalho com SEO sempre foi por curiosidade e que nunca trabalhei na área, acredito que a segunda página do Google estava de bom tamanho.

Apesar de já me sentir um vitorioso por ter chegado tão longe, concorrendo com profissionais experientes de SEO, eu sabia que aquela última semana seria derradeira para o desafio, e por isso decidi investir mais esforços nesse projeto para no mínimo manter-me na segunda página. Felizmente, tive esse *insight* nesse dia, pois, da mesma forma que eu, muitos outros participantes deixaram o seu "armamento pesado" para os últimos dias.

Depois da minha análise dos participantes, resolvi acrescentar mais informações no meu artigo "4° Desafio da MestreSEO", comentando com os leitores como a disputava estava acirrada e quais blogs estavam sendo mais criativos. Nisto, coloquei *links* de sete blogs que estavam participando e no mesmo dia entrei em contato com eles enviando a seguinte mensagem:

> Olá, tudo bem? Estou participando do 4° Desafio da MestrSEO e citei sua postagem na participação do concurso. Se desejar verificar o *link* é: http://www.neuronio20.com/2012/01/4-desafio-da-mestreseo-katipsoi.html

Um desses blogueiros respondeu meu e-mail de forma um pouco grosseira, dizendo que eu só tinha feito isso com o intuito de fazer troca de *links*. É óbvio que ficaria muito satisfeito se eles me retribuíssem com um *link* em seus blogs, mas em nenhum momento insinuei alguma coisa nesse sentido, tanto é que não os escolhi por estarem entre os primeiros colocados, mas por utilizarem estratégias semelhantes às minhas, ou seja, pegaram um blog já existente para participar do desafio.

Fiquei um pouco chateado com isso por um tempo, mas isso mudou quando recebi o e-mail do Fábio Pessoa (http://www.fabiopessoa.com.br) e do Maurício Ferraz (http://www.tudoseo.com). Eles deixaram comentários bem legais no meu blog desejando sorte no desafio e um deles inclusive, o Maurício, me convidou para escrever um artigo no blog dele. Essa atitude de companheirismo foi muito bacana, e depois disso passei a segui-los no Twitter para acompanhar o trabalho deles.

DATA 10/02/2012

A partir desse dia comecei a utilizar a estratégia de deixar comentários em blogs. Apesar de o *link* ser *no-follow**, ou seja, não repassa o *link juice*, essa é uma boa estratégia para divulgar *links*.

Quase todos os participantes do desafio aproveitaram que o Katipsoi Zunontee era um descendente dos Maias para escrever artigos baseados nessa história. Achei que seria interessante escrever algum texto nesse sentido, mas sem fugir da minha história de guardião do universo. Publiquei então um artigo chamado "Katipsoi Zunontee e os Maias" e aproveitei para inserir muitas imagens da cultura e civilização Maia.

O artigo possuía:

- Aproximadamente 640 palavras;
- Bastante conteúdo inserindo o Katipsoi na história dos Maias;
- Diversos *links* com textos âncoras diferentes;
- As imagens receberam os atributos *alt* e *title*.

DATA 11/02/2012

Neste dia investi bastante em divulgação. Espalhei meu *link* no Twitter, no Facebook e no Google+. Além disso, deixei comentários em dez blogs que encontrei aleatoriamente no Google. Tentando, é claro, fazer um comentário relevante relacionado ao assunto daquele blog.

DATA: 12/02/2012

Faltando apenas três dias para o término do desafio, levei um susto ao fazer uma nova pesquisa no Google e descobrir que meu blog havia caído para a terceira página. Veja a seguir a imagem da SERP.

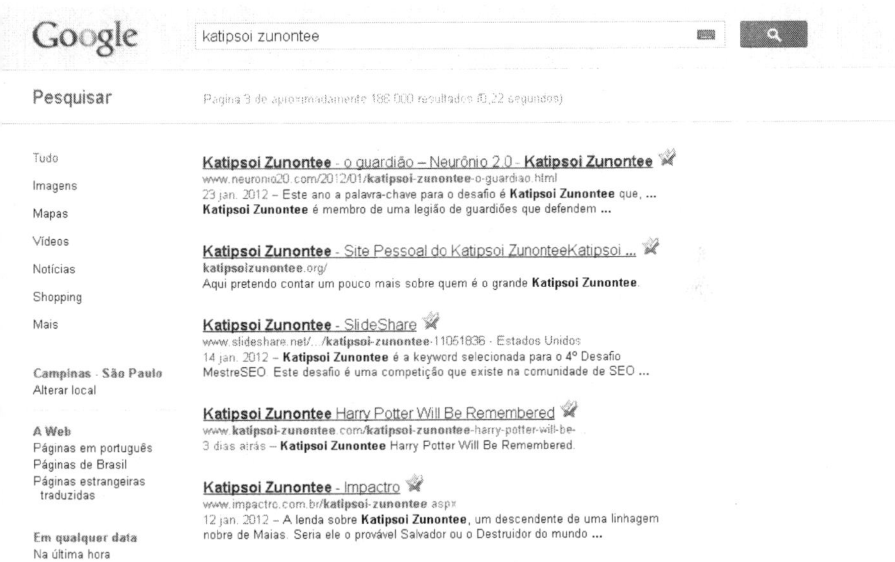

Foi apenas uma posição, mas aquilo já era muito para mim. Estava obstinado a ficar pelo menos entre os vinte primeiros. Se não fosse para subir nos resultados de busca, também não queria que caísse e, por isso, comecei a trabalhar em várias estratégias, não só para melhorar a indexação do artigo em específico, mas para melhorar o ranqueamento do blog como um todo. Sendo assim:

1. Fiz melhorias no *template* reduzindo o tamanho de várias imagens, e assim reduzindo também o tempo de carregamento das páginas. Para isso, utilizei um serviço da Google chamado PageSpeed (https://developers.google.com/pagespeed) que forneceu informações valiosas sobre as imagens que estavam prejudicando o desempenho do meu blog;

2. Para reduzir também o tempo de carregamento do blog, utilizei o site CleanCSS (http://www.cleancss.com) para otimizar o CSS* e, consequentemente, reduzir a quantidade de código. Nesse caso, consegui uma redução de 19%;

3. Escrevi um artigo pedindo aos meus leitores que me ajudassem de alguma forma, fosse por *links*, comentários ou divulgação nas redes sociais.

DATA: 13/02/2012

Meus esforços do dia anterior surtiram o efeito desejado, pois no dia seguinte meu blog voltou a aparecer na segunda página de resultados. Veja a seguir a imagem da SERP.

DATA: 14/02/2012

No dia anterior ao término do desafio não tive muito tempo para trabalhar, mas, de qualquer forma, já tinha realizado todas as estratégias que havia planejado. Dessa forma, utilizei o resto do tempo para continuar divulgando os meus *links*. Nesse dia minha posição continuava a mesma do dia anterior.

O resultado do desafio

No último dia do desafio eu estava ansioso pelo resultado e com receio de não atingir minha meta de manter-me na segunda página, mas, felizmente, no dia 15 de fevereiro de 2012, minha colocação no Google para a busca por Katipsoi Zunontee era a de número 20. Foi por pouco, caí de colocação na véspera, mas mantive-me na segunda página. Veja a seguir a imagem da SERP no dia 15/02, o último dia do Desafio de SEO.

4º Desafio MestreSEO | MestreSEO
www.mestreseo.com.br/promocao/4-desafio-mestreseo
10 jan. 2012 – É exatamente aqui, que o **Katipsoi Zunontee**, descendente de uma linhagem ... **Katipsoi Zunontee** é um grande descrente da teoria do fim do ...

Katipsoi Zunontee | Katipsoi Zunontee
katipsoizunontee.dancaderua.com/
O **Katipsoi Zunontee** é um termo ficticio criado pela Mestre SEO para usá-lo em prol de seu 4° desafio de SEO.

Katipsoi Zunontee - O Salvador da Terra
www.katipsoi.com.br/zunontee/
Conheça o **Katipsoi Zunontee**. Fique por dentro de sua história e saiba porque o **Katipsoi Zunontee** nasceu para ser o salvador da humanidade.

Katipsoi Zunontee - o guardião – Neurônio 2.0 - Katipsoi Zunontee
www.neuronio20.com/2012/01/katipsoi-zunontee-o-guardiao.html
23 jan. 2012 – Este ano a palavra-chave para o desafio é **Katipsoi Zunontee** que, ... **Katipsoi Zunontee** é membro de uma legião de guardiões que defendem ...

‹ Goooooooooogle ›
Anterior 1 2 3 4 5 6 7 8 9 10 Mais

Pesquisa avançada Ajuda da Pesquisa Envie seus comentários Google.com in English

Página inicial do Google Soluções de publicidade Soluções empresariais
Novos Termos e Privacidade Sobre o Google

Para minha surpresa (e de todos os demais participantes), o vencedor do 4° Desafio de SEO da MestreSEO foi um garoto de apenas 14 anos chamado Victor Gamarra. Com seu blog Zunontee Katipsoi (http://zunonteekatipsoi.com), ele conseguiu chegar à primeira posição do Google para a busca por Katipsoi Zunontee. Nas semanas seguintes ao término do desafio, ele foi entrevistado pela equipe da MestreSEO e contou para os ouvintes as suas estratégias e ações que o fizeram vencer o Desafio de SEO. Veja na imagem da SERP a seguir o vencedor do 4° Desafio de SEO da MestreSEO.

Independente do resultado, muitos benefícios vieram dessa minha participação no desafio da MestreSEO. Aprendi muito mais sobre SEO, conheci outros profissionais da área, melhorei muito meu blog pessoal e tive a possibilidade de aplicar vários conhecimentos.

Aproveito aqui para agradecer à equipe da MestreSEO por realizar esse desafio e despertar em tantas pessoas o desejo de participar desse projeto e, consequentemente, pesquisar, estudar e aprender muito mais sobre SEO.

Em 2013 tive a oportunidade de conhecer o Victor Gamarra pessoalmente em um evento para blogueiros chamado Afiliados Brasil. Preciso confessar que, devido à sua pouca idade, pensei que ele seria arrogante por causa da sua "fama" na comunidade blogueira depois que venceu o Desafio de SEO. Muito pelo contrário, tivemos um papo muito agradável e depois conversamos muito pelo Skype quando, gentilmente, ele se dispôs a me ajudar em um projeto de SEO no qual eu estava trabalhando como *freelancer*.

Capítulo 4:
Guia para o blogueiro iniciante

Criar um blog pode até ser uma tarefa fácil atualmente, mas fazê-lo crescer e conquistar muitos leitores não é uma tarefa tão simples como seguir uma receita de bolo. Steve Krug (2006), em seu livro *Não me faça pensar*, compara o sucesso na criação de um projeto *web* a um jogo de golfe, em que há várias formas de fazer o certo (a bola cair no buraco) e um milhão de formas de não conseguir fazer.

Para você que chegou até aqui e está entusiasmado com a ideia de criar um blog, este capítulo foi escrito exclusivamente para te auxiliar nesse processo. Este guia, juntamente com tudo o que já foi dito, poderá ser o primeiro passo para que você crie um excelente blog e venha a ter sucesso com ele. É claro que isso dependerá muito mais do seu empenho, da sua dedicação e da sua criatividade, mas as informações a seguir abordam diversas questões que lhe serão extremamente úteis para encurtar o caminho de sucesso do seu blog.

Planejamento

A primeira fase no processo de criação de um blog é o planejamento, sendo muito importante para que você possa visualizar o seu blog antes mesmo de ele estar pronto. É a partir dessa visão que você saberá o que deve ser feito para tornar o seu blog uma realidade e quais caminhos você deve seguir.

Tema (nicho de mercado)

A primeira pergunta que você deve fazer a si mesmo é: "Qual será o nicho de mercado do blog?" Ou seja, sobre qual assunto você irá escrever? Escolher um tema que você goste e tenha afinidade é o ideal, pois trabalhar em algo que lhe dá prazer aumenta exponencialmente as chances de você ter sucesso. Pense em seu blog como um *hobby* e não como um trabalho que exigirá sacrifícios.

A escolha do tema é de suma importância e refletirá diretamente no desempenho do blog. Escolher um tema abrangente, como futebol, implicará em uma possibilidade de atingir um maior número de pessoas, mas, em contrapartida, a concorrência é gigantesca e os ganhos com anunciantes tendem a ser bem menores. No entanto, se você escolher um nicho mais específico, como o futebol amador, você não terá muitos concorrentes e, apesar de ter uma audiência relativamente pequena em vista da anterior, estes leitores geralmente são fiéis e proporcionam uma maior facilidade de rentabilização em programas de afiliados.

O assunto pelo qual você é apaixonado provavelmente já possui muitos blogs e você certamente está se perguntando se vale mesmo a pena criar um blog em um nicho de mercado já saturado. Eu respondo que sim, pois, apesar desse nicho já estar saturado, a verdade é que no concorrido mercado da internet, quem não inova constantemente tem seu conteúdo defasado e aí você terá uma chance de conquistar esses leitores.

Qual é sua motivação?

Qual a razão para você criar seu blog? É apenas um passatempo ou pretende ganhar algum dinheiro com seu trabalho? Se você está pensando em ganhos financeiros, é melhor encarar o blog como um negócio e desde o início investir dinheiro para trabalhar com ferramentas profissionais. Mas se você pretende utilizar o blog apenas para compartilhar suas ideias e fazer novas amizades, você pode fazê-lo sem gastar um centavo. Porém, recomendo que você pense muito bem sobre isso, pois mudar de ideia no meio do caminho poderá ser trabalhoso e custará muito caro.

Análise da concorrência

Se sua intenção é criar um blog pessoal sem grandes planos para ele, essa etapa é desnecessária, mas do contrário, ela é muito importante.

Analisar a concorrência significa procurar na internet por blogs que já abordem sobre o assunto que você pretende escrever, verificando o que eles fazem e como fazem. Muito provavelmente você encontrará dezenas de blogs semelhantes ao que você deseja criar, mas não desanime por isso, pois, por mais que existam centenas de blogs falando sobre um mesmo tema, sempre há alguma lacuna que ninguém até então preencheu, e é aí que você entra, sendo criativo e oferecendo ao público um conteúdo diferenciado dos seus concorrentes.

Objetivos

Depois de definido o nicho de mercado, sua motivação para blogar e uma pequena análise dos seus concorrentes, é hora de pensar no futuro e visualizar quais são os objetivos que você pretende atingir com o seu blog. Esses objetivos definirão o caminho que você irá percorrer e, principalmente, a carga de trabalho e investimentos que você deverá fazer para alcançá-los.

Você deseja compartilhar suas ideias com uma rede de 100 amigos ou ser o blogueiro mais lido do Brasil? Quer ter uma segunda fonte de renda ou viver exclusivamente da renda gerada do seu blog? Evidentemente que quanto maior for seu objetivo, maior deverá ser o seu trabalho, a sua dedicação e o seu investimento.

Organização e definição

O ideal nessa fase seria fazer um plano de negócios, e recomendo muito que você faça seguindo as dicas do Luciano Larrossa no seu artigo "O exemplo prático de um plano de negócios", no blog Escola Freelancer. Entretanto, este é um trabalho complexo e demasiadamente longo, que poderá te desmotivar. Se este é o seu caso, minha recomendação é que invista pelo menos uma hora do seu tempo para pensar e responder às seguintes questões:

- Qual será o nicho de mercado do seu blog?
- Quais serão as palavras-chaves que o internauta digitará no Google que o farão encontrar seu blog?

- Quais as áreas de atuação do seu blog? Relacione as categorias e faça uma lista.
- Quem será seu público-alvo? É possível traçar um perfil?
- Quem são seus concorrentes? Como é a forma que eles trabalham? Há alguma falha? E qual será o diferencial do seu blog em relação a todos eles?
- Quais são os seus objetivos de curto, médio e longo prazo para o blog?
- Quanto você está disposto a investir no seu blog? E quanto de tempo disponível por dia ou semana você dedicará a ele?

Como já disse, o ideal seria criar um plano de negócios para o seu blog, mas se você responder adequadamente a essas perguntas, já é um bom começo, pois elas ajudarão a deixar bem claro uma série de aspectos que serão necessários para prosseguir nas próximas etapas de criação do seu blog.

Criação da sua marca

O próximo passo é escolher um nome para o seu blog. Esse nome será a sua marca e, preferencialmente, deve ser curto, simples, fácil de memorizar, e deve expressar o objetivo do seu blog. Escolher um bom nome não é uma tarefa fácil, porém, é de extrema importância. Uma má escolha poderá dificultar o processo de divulgação do blog e, consequentemente, o crescimento dele.

O domínio, também chamado de URL, nada mais é do que o endereço do blog na internet, e sua escolha deve estar atrelada ao nome. Ter um domínio muito diferente do nome do blog não é uma estratégia recomendada, da mesma forma que quem deseja ter um blog profissional, e visto como tal, não deve escolher domínios com a terminação ".blogspot.com.br" ou "wordpress.com". O recomendável é registrar domínios do tipo ".com" ou ".com.br" para passar aos internautas uma impressão de profissionalismo.

O Blogger oferece recursos para alterar o domínio de ".blogspot.com.br" para outro qualquer de sua escolha. Nesse caso, o blog terá um aspecto mais profissional e somente *experts* no assunto poderão identificar que o blog está hospedado no Blogger. Para saber mais sobre isso, recomendo o artigo "Como configurar um domínio próprio no Blogger" do Dicas Blogger.

Escolher um *slogan* e uma boa logomarca é também muito importante no que tange a transmitir rapidamente aos internautas quais são os assuntos que você aborda no blog. Ambos fazem parte da construção do *branding*, que nada mais é que um nome chique para o conjunto de características (nome, logo, *slogan*, símbolo, cores, etc.) que formam a identidade visual de uma empresa; no nosso caso, do seu blog.

Outro item que entra no aspecto de identidade visual é o *template* do blog, que deve ser escolhido cuidadosamente. Pequenos detalhes como cores, fontes, imagens, ícones, dimensões, etc., que compõem o desenho do *template*, podem fazer muita diferença na forma como seu blog é visto pelos leitores.

O recomendável é que o *template* do seu blog seja único e personalizado, mas para quem não tem familiaridade com desenvolvimento *web* e nem está disposto a comprar um *template*, existem milhares de sites que disponibilizam gratuitamente excelentes *templates* para blogs no Blogger e no WordPress.

Basta que você dedique um tempo para pesquisar um *template* que seja adequado ao seu blog. Para te ajudar nessa tarefa, seguem alguns sites onde você poderá encontrar muitos *templates* grátis.

Templates para Blogger:

- http://www.dhetemplate.com
- http://www.bloggerthemes.net

Templates para WordPress:

- http://www.themes2wp.com
- http://topwpthemes.com/best-free-themes
- http://wordpressthemesbase.com

Preparando o blog

Enfim, chegou o momento de "pôr a mão na massa" e criar o seu blog de fato. Tentei não me ater a somente um tipo de plataforma, mas quando isso não foi possível, incluí dicas para quem utilizará tanto o Blogger como o WordPress.

Antes de começar

Ter um blog significa que você precisará gerar algum tipo de conteúdo, e isso, invariavelmente, consumirá uma boa parte do seu tempo, pois um artigo de qualidade exige tempo para pesquisar, ler, escrever, revisar e muitas vezes reescrever novamente. Costuma-se dizer na Blogosfera que o conteúdo é o rei, porque de nada adianta criar um blog se você não tiver constantemente novos conteúdos para publicar.

É importante que você defina um horário no dia ou na semana para se dedicar ao blog e, aproximadamente, 70% desse tempo você deve investir para gerar conteúdo, enquanto que o restante você deve utilizar em outras tarefas, como responder comentários, divulgar *links*, etc.

Gerar conteúdo é um trabalho que exige tempo e dedicação. Então, a recomendação é que antes de colocar o seu blog na internet, você escreva algo em torno de quinze artigos e na inauguração publique uns dez, deixando o restante para publicar gradualmente nos dias seguintes enquanto você produz mais conteúdo.

Além desses artigos, é imprescindível também deixar prontos alguns textos para publicar em páginas como:

- A página "Sobre", na qual você explica para seus leitores quem é você e o que pretende com seu blog;

- A página "Contato", na qual você disponibiliza as formas de entrar em contato com você, podendo ser por e-mail, Skype, Twitter, Facebook, etc.;

- A página "Termos de uso", na qual você informa para seus leitores as normas, regras e condições para a utilização do conteúdo disponibilizado no seu blog.

Nessa fase é muito interessante também que você tenha pelo menos um conhecimento básico de SEO, já que a grande fonte de visitas de qualquer blog é proveniente das ferramentas de busca. Dessa forma, você acelera o processo de inserção do seu blog nos resultados orgânicos dos buscadores.

Seguem cinco técnicas básicas de SEO que podem ser aplicadas rapidamente em seus artigos:

- Qualidade: não é uma competição por volume, mas sim por qualidade. É preferível focar a energia em pensar, pesquisar e criar poucos conteúdos com boa qualidade ao invés de muitos com baixa qualidade;

- Categorias: é a separação dos conteúdos por assuntos, uma forma de organização na arquitetura da informação. Uma boa estrutura hierárquica do conteúdo favorece a leitura das ferramentas de busca e orienta o leitor a encontrar facilmente o que procura;

- Palavra-chave: ao escrever um artigo é importante que a palavra-chave, ou seja, o assunto do texto, esteja no título do artigo e apareça várias vezes no texto de forma natural. Embora a técnica seja para atrair a atenção das ferramentas de busca, temos que pensar que o texto será lido por pessoas;

- Palavra-chave na URL: é pela URL que as ferramentas de busca começam a leitura das páginas *web*, por isso, URL's que possuam a palavra-chave do artigo são melhores classificadas nos resultados de busca. É aconselhado que as URL's possuam o mesmo conteúdo do título do artigo, por exemplo, www.meublog.com.br/categoria/palavra-chave-no-titulo;

- *Links* internos: é aconselhável que um texto sempre complemente outro e que isso seja indicado para as ferramentas de busca pelos *links*. Quando vários artigos possuem *links* entre eles, indica que um artigo tem relação com outro e que são complementares.

Criação do seu blog

Dependendo dos objetivos que você traçou para o seu blog, você terá que decidir nesse momento qual ferramenta CMS utilizar. Como já disse anteriormente, se você deseja uma plataforma gratuita, eu recomendo o Blogger, mas no caso de desejar algo mais profissional e com mais recursos, a melhor escolha em minha opinião é o WordPress.

Escolhido o seu CMS, é hora de criar o blog e começar a aprender a utilizar a plataforma. Se você optou por utilizar o Blogger, recomendo o Dicas Blogger (http://www.dicasblogger.com.br) e o Mundo Blogger (http://www.mundoblogger.com.br) para tirar dúvidas e aprender mais sobre essa plataforma. Entretanto, se você optou pelo WordPress, recomendo o Wptotal (http://www.wptotal.com) e o Escola WordPress (http://www.escolawp.com) que são especializados no assunto e lhe darão tudo o que você precisa saber.

Para blogs que utilizam o WordPress serão necessárias duas tarefas. Primeiro, registrar um domínio e, segundo, contratar um serviço de hospedagem. Quanto ao serviço de hospedagem, posso recomendar dois que utilizo atualmente, o da HostGator (http://www.hostgator.com.br) e da Uolhost (http://www.uolhost.com.br). O serviço de hospedagem da HostGator oferece ótimos recursos, suporte *on-line* e um excelente painel de controle que é muito fácil de utilizar; já no Uolhost, o grande atrativo é o preço baixo, e apesar de ter tido alguns problemas de instabilidade de servidor no ano passado, ainda recomendo os serviços da empresa, que são muito bons.

Serviços essenciais

Depois de registrado o domínio, criado o blog e ter preenchido as configurações básicas da ferramenta, é o momento de você pensar em alguns acessórios que, de tão importantes, deixam de ser simples acessórios.

1) *Feeds*

O primeiro desses serviços essenciais que não pode faltar em um blog é o *Feed*, uma tecnologia que facilita a vida do leitor e indica que ele não é apenas mais um que chegou de paraquedas no seu blog, mas sim uma pessoa que se interessou pelo conteúdo e está disposta a acompanhar todas as novidades que forem publicadas.

Disponibilizar o *Feed* do seu blog é uma tarefa bem simples, que você poderá fazer seguindo o artigo "Google FeedBurner – Criar conta de *Feed* para seu Blog" do blog Ferramentas Blog.

2) Campo de busca

Muitos *templates* já vêm com um campo de busca configurado, mas se por acaso o que você escolheu não tem, não deixe seus leitores perdidos no blog e ofereça a eles essa ferramenta. Além de muito importante para auxiliar os seus leitores, é possível também rentabilizar a utilização desse recurso com a ferramenta de busca do Google.

3) Análise de desempenho

Há várias ferramentas desse tipo na internet, mas nenhuma delas, em minha opinião, é melhor que o Google Analytics. Com ela você consegue identificar diversos fatores que influenciam o desempenho do seu blog, como quantidade de visitantes, origem do tráfego, artigos mais lidos, etc. Mais informações sobre essa ferramenta você poderá encontrar no blog da MestreSEO no artigo "Dicas para uso do Google Analytics".

4) *Webmasters* tools

Esta é outra ferramenta da Google indispensável para monitorar o desempenho do seu blog. Alguns itens exigem um conhecimento mais avançado, como a criação de um robot.txt e um sitemap.xml, mas nada que você não possa aprender seguindo o "Tutorial passo a passo para o Google Webmaster Tools" do blog Escola Dinheiro.

5) Cadastro nos motores de busca

A função das técnicas de SEO é facilitar a leitura para as ferramentas de busca, mas não é preciso necessariamente esperar até que elas encontrem o seu blog, você pode acelerar esse processo cadastrando-se no local que as próprias ferramentas de busca disponibilizam para os blogueiros. O endereço para cadastrar seu blog no Google é http://www.google.tl/intl/pt-PT/add_url.html e no Bing é http://www.bing.com/docs/submit.aspx

Produzindo conteúdo

A atividade na qual você deve investir mais esforços é a produção de conteúdo que agrade seus leitores. Se os seus artigos forem malfeitos, os visitantes podem até chegar no seu blog, mas dificilmente você conseguirá resultados positivos com seu projeto. Para te ajudar nesse processo, seguem algumas dicas que podem te auxiliar a criar o conteúdo de qualidade que seu blog merece.

A primeira regra para criar um conteúdo de qualidade é escrever em português correto. Um texto sem coerência, com erros de português e até de digitação, passa a impressão de amadorismo, e você deve evitar isso ao máximo. Com a prática constante, você consegue melhorar gradualmente os seus textos, e se você costuma ler bastante, a melhora é ainda mais rápida.

Muitos blogueiros escrevem sobre as mesmas coisas, e o que difere entre eles é o modo como escrevem e emitem seu ponto de vista, ou seja, eles escrevem com personalidade, uma característica que os torna únicos e agrada muitos leitores. Experimente isso! Desenvolva uma forma só sua de abordar os assuntos e de levar as mensagens aos leitores; apenas essa característica já o diferenciará dos seus concorrentes.

Outra dica para enriquecer os seus artigos é inserir imagens, gráficos, vídeos, etc. Este artifício torna a leitura do seu artigo mais leve e dá a oportunidade para o leitor fazer uma pausa antes de continuar a ler um texto muito longo.

Estabelecer uma frequência de publicação diária, semanal ou quinzenal é importante para que você mantenha o crescimento do blog, pois os leitores gostam de saber o quanto necessitam esperar para consumir mais conteúdo. Não há uma regra que diga qual é a frequência exata que você deve publicar seus artigos, isso depende do tipo do seu blog e, principalmente, da sua capacidade de gerar novos conteúdos. Independentemente de qual seja essa frequência, o importante é mantê-la.

Por fim, uma dica que vale a pena reforçar: nunca, mas nunca mesmo copie conteúdo de outras pessoas e publique em seu blog. Além de prejudicar a si mesmo, podendo ser penalizado pelas ferramentas de busca, essa prática constitui crime e você poderá ser processado por plágio. Se há algum texto que você gostou e deseja incluir no seu blog, você pode escrever seu próprio texto, dando a sua opinião sobre aquele assunto e colocando um *link* para a fonte original. Dessa forma você ganha, o outro blogueiro ganha e seus leitores também ganham.

Outros serviços úteis

1) TwitterFeed (http://twitterfeed.com)

Serviço gratuito que permite ao blogueiro automatizar o processo de atualizar o seu Twitter sempre que um novo artigo for publicado no seu blog.

2) Tynt (http://www.tynt.com)

Serviço utilizado para inserir a URL do blog quando um conteúdo é copiado do mesmo. Muitos blogueiros o utilizam com a finalidade de gerar um *link* de volta para o seu artigo, sempre que alguém copia o conteúdo do seu blog.

3) IconFinder (http://www.iconfinder.com)

Serviço de busca no qual você pode encontrar uma imensa variedade e quantidade de ícones para utilizar em seus blogs.

4) FreeDigitalPhotos
(http://www.freedigitalphotos.net)
Repositório gratuito de fotos e ilustrações diversas separadas por categorias para ilustrar artigos do seu blog.

5) SeoMaster – Free Scanner
(http://www.seomaster.com.br/ferramenta-ana lise-seo-gratis.html)
Serviço básico de SEO que permite digitar uma URL e a palavra-chave que deseja analisar. O SEO Master Free Scanner percorre sua página, analisa e pontua de acordo com alguns fatores de otimização que influenciam a sua posição nos *rankings* das ferramentas de busca.

Divulgação

Depois de escrever e publicar seus artigos, você não pode simplesmente esperar que os leitores venham correndo para o seu blog. É preciso, principalmente no início, levar esse seu conteúdo até onde os seus leitores estão. Entre as principais estratégias de divulgação de um blog estão as redes sociais, sendo o Facebook e o Twitter as mais importantes devido ao enorme número de usuários que estas duas redes possuem atualmente. Em ambos os serviços, você pode criar um perfil do seu blog e divulgar os seus conteúdos entre os membros da rede social. Contudo, não basta apenas criar o perfil, é preciso também participar ativamente, interagindo com os usuários, muitas vezes respondendo suas perguntas.

Comentar em blogs do mesmo nicho que o seu também é uma excelente estratégia para atrair a atenção de leitores que estejam interessados naquele assunto, pois, junto do seu comentário, é possível deixar o *link* do seu blog em um campo específico para isso. Entretanto, essa estratégia só funciona se os seus comentários forem relevantes e acrescentarem algo na discussão. Comentários do tipo "legal" e "gostei" são ignorados pelos blogueiros e pelos outros leitores.

Em minha opinião, a estratégia de divulgação que realmente funciona e traz outros benefícios para o seu blog é a de escrever *guest-post*. Basicamente essa estratégia consiste em você escrever um artigo de excelente qualidade e oferecer para ser publicado em um blog de mesmo nicho que o seu. A princípio, parece ser irracional trabalhar para um "concorrente", mas com o tempo você irá perceber que essa parceria é benéfica para ambos os lados e você só terá a ganhar com isso.

Investimento

Para finalizar esse guia do blogueiro iniciante, escolhi falar sobre investimento, um item imprescindível para o sucesso de qualquer blog. Independentemente dos objetivos do seu blog, você pode (e deve) investir nele de alguma forma, seja comprando livros como este, que te ajudem a melhorar o seu blog, ou livros que aumentem seu conhecimento a respeito do assunto sobre o qual quer escrever.

Outras formas de investimento que aceleram o crescimento do seu blog é comprar publicidade (banner em outros blogs) ou artigos patrocinados. Esses investimentos são uma forma de levar o seu blog a conhecimento de milhares de pessoas, e sempre que isso acontece você tem grandes chances de recuperar o dinheiro investido pelo crescimento de visitantes.

Vários blogueiros oferecem espaços em seus blogs para artigos patrocinados, mas você deve analisar muito bem onde está investindo o dinheiro para anunciar o seu blog, pois uma má escolha pode fazer com que seu investimento não alcance os resultados esperados. Um blog que presta este tipo de serviço é o blog Escola Dinheiro, do Paulo Faustino. É um blog reconhecido e com uma qualidade de visitantes que vale o investimento, caso o seu blog esteja relacionado com esse público-alvo.

Considerações finais

Como pudemos observar ao longo deste livro, criar um blog bem-feito (e de sucesso) é um processo longo que exige muito empenho, dedicação e paciência. No entanto, as oportunidades de você aprender, evoluir, divertir-se, fazer amizades, etc. são inúmeras e eu garanto que vale a pena o esforço.

Parabéns! Chegamos ao fim do livro e espero que minhas experiências, ensinamentos e dicas possam ser úteis de alguma forma para ajudar você a melhorar o seu blog. Ou então, possa ter sido pelo menos uma leitura interessante e agradável. Independente das suas motivações para adquirir e/ou ler esse livro, fico imensamente grato por você ter acreditado no meu trabalho e me acompanhado até o fim dessa leitura. Obrigado e até a próxima.

Glossário

CSS (*Cascading Style Sheets*) é uma linguagem de estilo utilizada para definir a apresentação de documentos escritos em uma linguagem de marcação. Seu principal benefício é prover a separação entre o formato e o conteúdo de um documento.

Domínio é um nome que serve para identificar um serviço na internet. O nome de domínio foi criado para facilitar a memorização dos endereços de sites e blogs, pois, sem eles, teríamos que memorizar uma sequência de números para acessá-los.

Fake ("falso" em inglês) é um termo utilizado para denominar contas ou perfis utilizados na internet para esconder a verdadeira identidade de uma pessoa.

Hospedagem é o serviço de armazenamento dos arquivos que compõe um site ou blog para que esteja constantemente disponível na internet.

HTML (abreviação para a expressão inglesa *HyperText Markup Language*) é uma linguagem de marcação de texto utilizada para produzir páginas na *web*. Documentos HTML podem ser lidos (interpretados) por agentes de usuário genericamente chamados de navegadores ou *browsers*.

Indexação é o processo de listar um site ou blog na base de dados das ferramentas de busca.

Link ou *hiperlink* é um "atalho", geralmente destacado em azul dentro do texto, que os internautas utilizam para "saltar" de uma página para outra na internet.

Link building é uma estratégia de conseguir *links* para um blog, de forma natural ou artificial, a fim de que os mesmos influenciem e melhorem o posicionamento dele nas ferramentas de busca.

Link juice é a parcela de *PageRank* transmitida de uma página para outra por um *link*.

Monetização significa aproveitar a audiência do blog e vincular anúncios de interesse dos leitores para que, através da visualização de publicidades comerciais pelos visitantes do blog, o autor possa ter lucro, transformando o blog numa fonte extra de rendimento.

Navegador ou *browser* é um programa que permite a visualização e navegação dos internautas pela internet.

Nerdcast é o *podcast* do blog Jovem Nerd.

No-follow é um tipo de *link* utilizado para informar para as ferramentas de busca que um determinado *link* não deve influenciar no ranqueamento do documento apontado pelo *link*. Ou seja, o buscador deve desconsiderar aquele *link*.

PageRank é a métrica utilizada pela Google para representar a relevância de um site na internet. Essa relevância é medida em uma escala de zero a 10 que leva em consideração uma série de fatores para atribuir essa nota ao site.

Podcast é uma forma de publicação de arquivos de áudio na internet, geralmente em mp3, muito parecido com um programa de rádio, porém, com a diferença que o ouvinte escolhe o melhor horário para fazer download e ouvir o programa.

Plugins no WordPress são códigos complementares escritos em linguagem PHP que incorporados ao CMS oferecem novos recursos, funcionalidades ou tarefas automatizadas.

Técnicas de SEO são estratégias utilizadas para otimizar o conteúdo de um site ou blog com o intuito de ser melhor compreendido pelas ferramentas de busca e, dessa forma, conseguir melhor posicionamento em um resultado de busca.

Template é um arquivo que possui apresentação visual do blog. Nele estão definidas as características como cores, dimensões, espaçamentos e demais itens que compõem sua aparência.

Texto âncora é o texto visível em um *link*. Considerado altamente relevante para ferramentas de busca, pois o texto que faz referência ao *link* normalmente é relevante à página de destino.

Upload è a transferência de um arquivo de seu computador para a internet, sendo o processo contrário chamado de *download*, quando você faz a transferência de um arquivo da internet para seu computador.

URL provem da abreviação do termo em inglês *Uniform Resource Locator* (Localizador-Padrão de Recursos), que nada mais é do que um endereço eletrônico de algum recurso na internet, como um site ou um blog.

Referências

FAUSTINO, P. *Como criar um blog:* de desconhecido a problogger. Portugal: Edição digital independente, 2010.

KRUG, S. *Não me faça pensar!* Uma abordagem de bom senso à usabilidade na web. Tradução Acauan Pereira Fernandes. 2. ed. Rio de Janeiro: Alta Books, 2006.

MEMÓRIA, F. *Design para a internet*: projetando a experiência perfeita. Rio de Janeiro: Campus, 2006.

RICOTTA, F. C. M. *Como os search engines funcionam*? Monografia (Bacharel em Ciência da Computação). Universidade Federal de Itajubá, Itajubá, 2007.

TORRES, C. *A bíblia do marketing digital*: tudo o que você queria saber sobre marketing e publicidade na internet e não tinha a quem perguntar. São Paulo: Novatec, 2009.

Porto de Idéias
EDITORA

www.portodeideias.com.br